诸子百家

徐潜／主编
张克 崔博华／副主编
金东瑞 陈长文／编著

吉林出版集团
吉林文史出版社

图书在版编目（CIP）数据

诸子百家 / 徐潜主编 . —长春：吉林文史出版社，2013. 4（2025.11重印）

ISBN 978-7-5472-1556-2

Ⅰ. ①诸… Ⅱ. ①徐… Ⅲ. ①先秦哲学-青年读物 ②先秦哲学-少年读物 Ⅳ. ①B22-49

中国版本图书馆 CIP 数据核字（2013）第 068644 号

诸子百家

ZHUZI BAIJIA

主　　编　徐　潜
副 主 编　张　克　崔博华
责任编辑　崔博华
装帧设计　映象视觉
出版发行　吉林文史出版社有限责任公司
地　　址　长春市福祉大路 5788 号
印　　刷　唐山富达印务有限公司
版　　次　2013 年 4 月第 1 版
印　　次　2025 年 11月第 5 次印刷
开　　本　720mm×1000mm　1/16
印　　张　10.25
字　　数　250 千
书　　号　ISBN 978-7-5472-1556-2
定　　价　68. 00 元

序　言

民族的复兴离不开文化的繁荣，文化的繁荣离不开对既有文化传统的继承和普及。该书就是基于对中国文化传统的继承和普及而策划的。我们想通过这套图书把具有悠久历史和灿烂辉煌的中国文化展示出来，让具有初中以上文化水平的读者能够全面深入地了解中国的历史和文化，为我们今天振兴民族文化，创新当代文明树立自信心和责任感。

其实，中国文化与世界其他各民族的文化一样，都是一个庞大而复杂的“综合体”，是一种长期积淀的文明结晶。就像手心和手背一样，我们今天想要的和不想要的都交融在一起。我们想通过这套书，把那些文化中的闪光点凸现出来，为今天的社会主义精神文明建设提供有价值的营养。做好对传统文化的扬弃是每一个发展中的民族首先要正视的一个课题，我们希望这套文库能在这方面有所作为。

在这套以知识点为话题的图书中，我们力争做到图文并茂，介绍全面，语言通俗，雅俗共赏。让它可读、可赏、可藏、可赠。吉林文史出版社做书的准则是“使人崇高，使人聪明”，这也是我们做这套书所遵循的。做得不足之处，也请读者批评指正。

编　者

2014 年 2 月

目　录

孔子与儒家学派

由孔子开创的儒家学派又称儒学，因其奉孔子为宗师，所以又称为孔子学说。儒家学派注重和提倡六德（智、信、圣、仁、义、忠）、六行（孝、友、睦、姻、任、恤）、六艺（礼、乐、射、御、书、数）的社会化教育。历代儒家学者通过研究、吸收这些思想要素并将其上升到系统的理论高度，它是中国古代自汉代以来的主流意识形态。儒家思想对中国，东亚、东南亚乃至全世界都产生过深远的影响。近代以来儒家思想受到了外来文化的种种冲击，如今依然是中国社会一般民众的核心价值观。同时，儒家思想也是东亚地区的基本文化信仰。

一、儒家的创始人——孔子

(一)孔子的生平

孔子(前551年—前479年),名丘,字仲尼,春秋时期鲁国人,是我国最伟大的思想家,世称“孔圣人”。据记载,孔子的祖先是殷商后裔,周灭商后,周武王封商纣王的庶兄——商朝忠正的名臣微子启于宋。微子启死后,其弟微仲即位,微仲即为孔子的先祖。自孔子的六世祖孔父嘉之后,后代子孙开始以孔为氏,其曾祖父孔防叔为了逃避宋国内乱,从宋国逃到了鲁国,其父叔梁纥晚年与颜徵生下了孔子。有人说,孔子继承了父亲叔梁纥的英勇,身高九尺六寸、臂力过人,而且酒量超凡,绝非人们想象中的文弱书生形象,当然这些内容是没有明确史书记载的。

孔子3岁时,父亲就去世了,他与母亲过着清贫的生活。他说:“吾少也贱,故多能鄙事。”(《论语·子罕》)他年轻的时候做过“委吏”(管理仓库的小官)与“乘田”(管理放牧牛羊的小官)。虽然生活清苦,但孔子心怀天下,立志向学。他注意虚心向别人学习,“三人行,必有我师焉。择其善者而从之,其不善者而改之”(《论语·述而》)。曾经向郯子、苌弘、师襄、老聃等人学习。又由于学识渊博,被当时人称赞为“博学好礼”。

孔子入仕是在鲁宣公时期,当时政权掌握在以季氏为首的三桓手中,而季氏又受制于其家臣阳货。鲁昭公初年,三桓变本加厉,又进一步瓜分了鲁君的权力。孔子谓季氏:“八佾舞于庭,是可忍也,孰不可忍也。”对季氏的僭越行为表示了强烈的愤慨。因不满这种“陪臣执国命”——政不在君而在大夫的状况,孔子辞官不仕,他说:“不义而富且贵,于我如浮云。”于是“退而修诗书礼乐,弟子弥众”(《史记·孔子世家》)。他开办私塾,收徒讲学。

从远方来求学的弟子，几乎遍及各诸侯国。

鲁定公九年，阳货被逐之后，孔子才再次入朝为官，并受到鲁君重用。51 岁的孔子先被任命为中都宰，“行之一年，四方则之”。齐鲁夹谷之会时，鲁国由孔子主持会盟的礼仪。孔子认为“有文事者必有武备，有武事者必有文备”，由于孔子早有防范，使齐国国君想用武力劫持鲁君的阴谋没有得逞。不仅如此，孔子还充分利用外交手段收回了被齐国强占的郓、灌、龟阴三地。由于政绩卓然，孔子由中都宰升为司空，再升为大司寇。鲁定公十二年，孔子为加强公室，抑制三桓，援引古制“家不藏甲，邑无百雉之城”，提出了“堕三都”的计划。由于孔子利用了三桓与其家臣的矛盾，季孙氏、叔孙氏同意各自毁掉了费邑与后邑，但孟孙氏被家臣公敛处父所煽动，反对堕成邑。定公围而不克，使孔子的计划受挫，孔子与三桓的矛盾也随之暴露。鲁定公十三年，齐国送八十名美女到鲁国，君臣迷恋歌舞，多日不理朝政，也不按礼制送膰肉（当时郊祭用的供肉）给孔子，孔子失望，于是去鲁适卫，开始了十四年颠沛流离于诸侯列国之间的流亡生活。

孔子带弟子到卫国后，虽然受到灵公重视，却始终无法实现其抱负。此后孔子几次离开卫国，又几次回到卫国。在这期间，为后世所熟知的，莫过于孔子及众徒弟厄于陈蔡之间的故事。鲁哀公二年，孔子离开卫国经曹、宋、郑至陈国，在陈国住了三年，吴攻陈，兵荒马乱，孔子便带弟子离开。楚国人听说孔子到了陈、蔡交界处，派人去迎接孔子。陈国、蔡国的大夫们担心孔子入楚后对他们不利，于是派服人将孔子师徒围困在中途，据《史记》记载：因楚昭王来聘孔子，陈、蔡大夫围孔子，致使绝粮七日。“在陈绝粮，从者病，莫能兴。子路愠见曰：‘君子亦有穷乎？’子曰：‘君子固穷，小人穷斯滥矣。’”（《论语·卫灵公》）此外，十四年的时间里，孔子在途中遇到当时的一些隐士，如长沮、桀溺、荷蓧丈人和楚狂接舆等，并接连受到这些隐士的嘲讽。孔子说：“鸟兽不可与同群，吾非斯人之徒而谁与？天下有道，丘不与易也。”（《论语·微子》）表示了为改变天下无道局面的决心。

鲁哀公十一年，冉有归鲁。齐师伐鲁之时，孔子弟子冉求为季氏将左师，与齐军战于鲁郊，克之。季康子问他是怎样学会作战的，冉求说，学于孔子，遂荐孔子

于季氏。季康子派人以璧迎孔子归鲁。至此，孔子结束了访问列国诸侯十四年颠沛流离的生活。

归鲁之后，鲁哀公与季康子常以政事相询，但终不能重用孔子，孔子亦不求仕，专心从事文献整理和教育事业。他删《诗》《书》，定《礼》《乐》，修《春秋》，并继续聚徒授业，培育治国贤才，据史载："弟子盖三千焉，身通六艺者七十有二人。"（《史记·孔子世家》）如颜回、曾点、子路、子贡等，便是其中的代表。这些才华出众的弟子，对儒家学派的形成与发展，对孔子思想的传播都起到了重要作用。

公元前479年，73岁的孔子寝疾而殁，葬于鲁城（今曲阜）北泗上。不少弟子为之守墓三年，并把孔子故居改为庙堂，藏孔子平生衣冠琴书于堂中，自此以后，年年奉祀。今日曲阜之孔庙、孔府、孔林，所谓"三孔"者，即始于此。

（二）孔子的主要思想

孔子是儒家学派的创始人，他系统地整理、继承和丰富了以往的历史遗产，创立了以"仁"为核心的思想体系。

（1）仁

仁的人生哲学思想是孔子整个思想体系的核心，也是儒家学说得以确立其主流文化地位的主要根据。在殷代和西周的甲骨文中，至今还未发现"仁"这个字，在《尚书》和《诗经》中也很少出现这个字。直到春秋时代才较多地被人提起，人们把尊亲敬长、爱及民众和忠于君主称为"仁"。孔子继承了前人的观念，并且把它发展成为系统的"仁"说。

什么是孔子的"仁"？孔子在《论语》提到"仁"有一百余处，涵义甚广，但其基本涵义是"爱人"。他的弟子樊迟问孔子什么是仁，孔子问答说："爱人。"《说文》有个解释："仁，亲也，从二人。"甚合孔子思想。仁，就是人与人的关系，要友善相亲，相互帮助。在儒家思想中，不论后世如何发展"仁"的含义，都是紧紧围绕"爱人"作为出发点的。但是这里的"爱人"，又需要我们做认真的

分析：

第一，虽然孔子从等级制的社会现实出发，提出了“泛爱众，而亲仁”，但是孔子提出的“爱”是有等差的，这一点与墨家提出的“兼爱”思想是相区分的。墨子说:“视人之国，若视其国，视人之家，若视其家，视人之身，若视其身。”孔子“爱人”的思想符合当时封建社会的实际需要，所以更容易在社会习俗和风尚中遗留下来。

第二，在答复弟子颜渊时，孔子说：“克己复礼为仁。”（《论语·颜渊》）孔子认为爱人要从大处、高处着眼，推己及人，做到“己欲立而立人，己欲达而达人”。 这里强调的是人们通过克制自己，达到“非礼勿视，非礼勿听，非礼勿言，非礼勿动”。视、听、言、动都合于礼，这也就是仁的境界。

(2) 礼

孔子推崇周礼。据学者研究表明，西周社会建立后，周公将从远古到殷商的原始礼仪进行了大规模的整理和规范，形成了“吉”、“凶”、“军”、“宾”、“嘉”五礼，也就是较完备的周礼。孔子提出：“夏吾能言之，杞不足征也；殷礼吾能言之，宋不足征也。文献不足故也，足，则吾能征之。”“周监于二代，郁郁乎文哉！吾从周。”这表明，孔子对周礼的推崇是经过了对历代礼制考察之后作出的判断。值得一提的是，孔子并非完完全全地拥护旧的制度，而是对周礼进行了“拿来主义”式的继承和发扬。

孔子对“礼”的思想主要体现在以下方面：

第一，“礼”是社会秩序。《左传·隐公十一年》载：“礼，务国家、定社稷，序人民，利后嗣者也。”这是说，礼是治理和安定国家，巩固国家的制度和维护社会所需要的秩序。孔子又说礼是“王之大经也”（《左传·昭公十五年》），是进行统治的根本法规，治国之纲。因此，“坏国丧家亡人必失去其礼”（《礼记·礼运》）。丢掉了礼，就要失去一切。可见孔子这里说的“礼”实际是社会秩序和社会制度。

第二，“礼”是礼仪上的规定。具体来讲，就是有关朝廷的祭祀、出征、

朝聘，以至婚丧嫁娶，待人接物到生活细节，按不同等级、身份，都有不同的礼仪规定，实际是“社会秩序和社会制度”的具体形式。孔子回答弟子樊迟时主张：“各民之义，敬鬼神而远之，可谓知矣。”（《论语·雍也》）子路问事鬼神的问题，孔子明确表明：“未能事人，焉能事鬼?”指的就是这些内容，从中我们又可以看到孔子思想重人事而轻鬼神，改变了以往周礼特别重视祭祀鬼神的传统。

第三，“礼”是人的道德标准。孔子提倡“道之以教，齐之以刑，民免而无耻，道之以德，齐之以礼，有耻且格”。（《论语·为政》）这正是“礼下庶人”身上的政治主张，告诫人们把礼作为德行的最高标准，改变了周礼“礼不下庶人”的规定。

第四，“礼”以“仁”为实质。孔子以实际行动开办私学，广招门徒，实行“有教无类”，改变了周礼“学在官府”，只有贵族子弟能够接受教育的局面，打开了向民间传播文化之门。孔子主张用“仁”的精神改造人的思想，规范人们的行为，作为一种反映社会成员之间，阶级、组织之间的关系准则，礼一旦确立下来，就要求全体社会成员必须遵守，修己的同时治人，完善人伦道德，实现社会的安定良好秩序。

孔子的“仁”说，体现了人道精神；孔子的“礼”说，则体现了礼制精神，即现代意义上的秩序和制度。仁与礼并不矛盾，因为仁是内容，礼是形式，二者的结合，才是一种制度的完善。孔子主张礼仁结合，纳仁于礼，用仁来充实礼，实质上是注重了人道与政治的结合，从而对周礼作了重大的修整完善。

(3) 德治

同孔子的“仁”和“礼”相联系，在治国的方略上，他主张“为政以德”，用道德和礼教来治理国家是最高尚的治国之道。这种治国方略也叫“德治”或“礼治”。

第一，孔子重视以“礼”教化，提出“为政以德，譬如北辰，居其所而众星共之”。（《论语·为政》）在德政的施行过程中，孔子推崇用道德和“礼”去教化和约束人们的言行。落实在政治上就是要做到“君君，臣臣，父父，

子子”，在君臣关系上要以礼相待，“君事臣以礼，臣事君以忠”。而在其他关系上则遵守“非礼勿视，非礼勿听，非礼勿言，非礼勿动”。

第二，孔子反对滥用刑罚。在夏朝和商朝，统治者制定了大量的刑罚维护其统治秩序，其中大多数刑法比较残酷，剥夺生命的刑罚也多种多样，周初的统治者汲取殷商灭亡的教训，提倡“明德慎刑”，孔子也反对滥用残酷的刑罚解决社会问题。季康子问政于孔子曰：“如杀无道，一就有道，何如?”子曰：“子为政，焉用杀？子欲善而民善矣。君子之德风，小人之德草，草上之风，必偃。”体现了孔子重礼轻罚的思想。

第三，孔子对执政者提出正己、正名的要求。孔子提出“正名”是君主实现德政的首要前提。当季康子问政于孔子，孔子对曰：“政者，正也。子帅以正，孰敢不正。”（《论语·颜渊》）又说：“其身正，不令而行；其身不正，虽令不从。”（《论语·子路》）又说：“苟正其身矣，于从政乎何有？不能正其身，如正人何？”（《论语·子路》）子路问：“为君待子而为政，子将奚先?”孔子曰：“必也正名乎!”“名不正，则言不顺，言不顺，则事不成；事不成，则礼乐不兴，礼乐不兴，则刑罚不中，刑罚不中，则民无所措手。”对周武王作了评价说：“武王正其身以正其国，正其国以正天下，伐无道，刑有道，一动而天下正，其事正矣!”可见正名之重要。

第四，与孔子的德治思想相联系，他认为国君要治平天下，就必须举贤任能，发现和提拔优秀人才，参与政事。关于贤才的标准，孔子认为应该是：“志于道，据于德，依于仁，游于艺。”（《论语·述而》）就是要有政治理想和奋斗目标，要依据仁的精神和拥有高尚的品德，还要能善于娴熟地运用业务知识和技能。简言之，贤才就是要有理想、有道德、有知识和治国才能。简单来讲，就是孔子根据“德”与“才”的关系而讲明的“德才兼备”，是人才的重要标准。

孔子认为要治理好一个国家，执政者必须正己、正名，举荐任用德才兼备的人才治理国家，必须在满足百姓生活富裕的基础上加强教化，慎用刑罚惩戒百姓的过失，实质上也体现了“仁”的精神内涵所在。

（4）中庸

中庸如今已经成为一个人们常用，但是又经常曲解的词语。说它被曲解是因为经常被理解为做“和事佬”的心态，什么事情都是“好好好”的状态，实际上孔子曾说：“乡愿，德之贼也。”（《论语·阳货》）孔子说：“中庸之为德也，其至矣乎！民鲜久矣。”（《论语·雍也》）这里说了两层意思，一是中庸之德古时已经存在，只是已经鲜有人能做好；更为重要的一点，这句话说明了中庸在孔子的学说中是至德的地位，是孔子哲学的基础和最高的道德准则。具体来讲，可以从以下几个方面来理解：

第一，中庸意即谨守礼制，不偏不倚，不激不随，恰当适中。“不偏之谓中，不易之谓道。中者，天下之正道。庸者，天下之定理。”（《礼记·中庸》）“中”是不偏不倚，中正，无过不及。庸不易谓之庸，不偏离正常。子贡问师商两人，孔子说：“师也过，商也不及。”子贡又问，师比商是否更好一点，孔子答：“过犹不及。”（《论语·先进》）“过”与“不及”是事物极端的表现，必须通过“中庸”来维持事物的平衡，在政治行为上更要避免“过”与“不及”。

第二，处理事情要把握好分寸，凡事尽心竭力，但不做强求。如孔子主张进谏，但认为不必强谏，谏而不听，臣应适可而止或退以洁身。他说：“所谓大臣者，以道事君，不可在止。”（《论语·先进》）“邦有道则仕，邦无道则可卷而怀之。”（《论语·卫灵公》）“用之则行，舍之则藏。”（《论语·述而》）这里要说明的是，并非在处事过程中遇难而缩，如对待朋友上，孔子提出：“忠告善道之，不可则止，毋自辱焉。”（《论语·颜渊》）其中“忠告而善导之”实际上体现了多次规劝和劝导之意，实在不能起到作用的时候才“止”，以不自取其辱。

孔子在强调个人修养方面也特别注重行中庸之道。子曰：“喜怒哀乐之未发，谓之中；发而皆中节，谓之和。中也者，天下之大本也；和也者，天下之达道也。致中和，天地位焉，万物育焉。”人都有喜怒哀乐的情绪，当这些情绪未发泄时，我们的情绪就处于心平气静，中庸平稳：但有时因发生了异常的变故，人就会有情绪的变化和波动，只要是适当、有节制，不过度与激烈的发泄，就是温和平和。这意思是说，人与人相处，

行中庸，遇事心平气和，包容共济，相互谦让，文明处世，礼貌待人，人们就会减少摩擦与争斗，化解社会矛盾，实现人们的和谐相处。

孔子以“射”来作比喻，说明“中庸”，认为“射”的“中”与“不中”的关键在自己主观方面，必须“反求诸其身”（《礼记·中庸》），己心正则己身正，己身正在则矢无不正，射无不中。正己好比仁，射中好比礼，仁是内在修养，礼是外在标准，仁是前提，礼是目的，二者之联结，便是中庸之道。《礼记·仲尼燕居》载：子曰：“礼乎礼，夫礼所以治中也。”这里谈“中”，谈怎样才能“中”，实际上已经糅进了“仁”的观念。换句话说，“中庸”应是一种内在的修养，应成为君子的自觉追求，而内心的“中庸”就是仁。

(5) 教育思想

谈到孔子的教育思想，我们首先想到的往往是“学而时习之”、“温故而知新”这些脍炙人口的名言，实际上这些只是孔子教育思想海洋中的点滴。如前文提到，孔子之前，教育与学术由官府垄断。孔子创办私学，打破了学在官府的垄断；不分贵贱、广收门徒，提出“有教无类”的原则，打破了只有贵族子弟能接受教育的旧传统，在中国教育史上具有划时代的意义。孔子在长期的教育实践中积累了大量丰富有效的经验和做法，现在我们一并来加以分析。

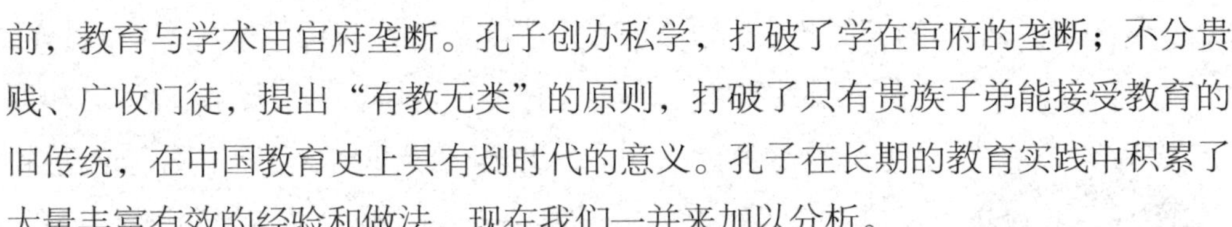

第一，教育目标。孔子的教学目标是培养君子或曰君子儒。即具备“仁”、“德”思想，“修己以安人”、“修己以安百姓”（《论语·宪问》），可以做到“穷则独善其身，达则兼济天下”（《论语·微子》），甚至“修身，齐家，治国，平天下”（《论语·微子》）的人才。

第二，教育内容。《史记》载：“孔子以诗书礼乐教。”（《史记·孔子世家》）又有：“子以四教：文、行、忠、信。”（《论语·述而》其中“诗”、“书”主于“文”，是立言的根本，“礼”、“乐”主于“行”，是立身行事乃至“成人”的根本，所谓“兴于诗，立于礼，成于乐”。（《论语·泰伯》）孔子教育他的儿子孔鲤也要学诗、学礼，否则无以立言、立行（见《论语·季氏》）。这是

从“独善其身”的自我修养方面说的。儒者在确立这一点后，还强调要“兼济天下”，这见诸孔子教育的另一方面的主要内容，即“政事”。政事是以自我修养为基础的，只有“修己”以后，才能进一步“修己以安人”、“修己以安百姓”（见《论语·宪问》）。只有在完成自我修养的基础上，才可以从事政事，以“兼济天下”，否则害人害己。

第三，教育方法。孔子所采用的教育方法，主要是“因材施教”。论语中有这样一个故事：子路与冉有向孔子请教同一个问题，听说了一件事，要不要马上去做？孔子对子路说不可，对冉有却说可以去做。孔子的另一个学生公西华对此发生疑问，孔子解释说：“冉有退缩，故鼓励其进取；子路则勇于进取，故使之知有所退缩。”（《论语·先进》）这个故事就是比较典型的因材施教的例子。孔子的学生之所以各有所长，也正是他因材施教的结果：以“德行”著称的有颜渊、闵子骞、冉伯牛、仲弓，以“言语”著称的有宰我、子贡，以“政事”著称的有冉有、季路，以“文学”著称的有子游、子夏（见《论语·先进》）。这些学生可以说是孔门中比较著名的几位，才能各有特点，应是得益于孔子的“因材施教”。但孔子最重视的还是他们的“德行”，如宰我虽以“言语”闻名，但孔子斥之为“不仁”，原因是他不行三年之丧而自觉心安理得。子夏以“文学”见长，孔子责之以“汝为君子儒，无为小人儒”（《论语·雍也》）。仲弓长于德行，但讷于言而敏于行，时人评价其只知“仁”而不知“佞”之机变，孔子则称赞仲弓，虽然不一定称得上“仁”，但“佞”却是绝不会去作的。（见《论语·公冶长》）此外，孔子注意到启发式教育的作用，他说：“不愤不启，不悱不发，举一隅不以三隅反，亦不复也。”（《论语·述而》）

第四，胸怀天下，以身作则的教学态度。注意运用对历史事件、历史人物、时人、时事的评价以及孔子自己的立身行事，来达到教育学生的目的。对人、事的品评在《论语》中有很多的篇章，不再赘述。至于孔子的立身行事，孔子本人这样对学生说：“二三子，以我为隐乎？吾无隐乎尔，吾无行而不与二三子者，是丘也。”（《论语·述而》）这就是说我之行事，对你们没有什么隐瞒的。在厄于陈蔡之间时，“子路愠见曰：‘君子亦有穷乎？’子曰：

‘君子固穷，小人穷斯滥矣。’”（《论语·卫灵公》）孔子之行事，《论语》中也多有记载，有学生引以为荣的，也有使学生发生质疑甚至于为学生所诟病的，但这种无所隐瞒的坦荡胸怀亦体现了为人师表的心胸。与此同时，孔子要求弟子们端正实事求是的学习态度，“知之为知之，不知为不知，是知也”。当仁不让于师，要求弟子学以成才，学以致用。

总之，孔子在其丰富的教学实践的基础上，提出了一套完整的教育理论和教学方法。教育目标是培养君子仁人，教育原则是“有教无类”，教学方法是因材施教，采用“循循然善诱”的启发式教育，重视德育，智仁勇并举而以仁为中心，提倡教师以身作则，师生教学相长的教育体系。孔子的思想博大精深，孔子及其创立的儒学思想体系成为其后儒家学者取之不尽用之不竭的思想源泉，在中国古代思想文化发展史上占有显赫而居中制衡、不可取代的历史地位，并在中国历史上发挥了巨大、持久、广泛的影响。

（三）孔子在中国文化史上的地位

只要谈到中国的文化史，无法回避也不可能回避的就是孔子。历史上没有任何一个人物能像孔子一样与中国封建社会的文化历史如此休戚相关，以至于有学者认为“孔子简直成了中华民族传统文化的象征”（任继愈主编《中国哲学发展史》先秦卷）。作为中国文化的巨擘，世界文化的名人，孔子大概也是西方人了解最多和最为熟悉的中国古代伟大的思想家。他曾多次入选“世界十大文化名人”之列，在世界的影响也是十分深远的。

早在汉代，著名的历史学家司马迁就满怀敬慕之情地写道:“适鲁，观仲尼庙堂车服礼器，诸生以时习礼其家，余祗回留之不能去云。天下君主至于贤人众矣，当时则荣，没则已焉。孔子布衣，传十余世，学者宗之。自天子王侯，中国言六艺者折中于夫子，可谓至圣矣!”（《史记·孔子世家》）

这里对于孔子对中国文化发展史的贡献，给予了极高的评价。在孔子的故

里曲阜，元代统治者为孔子立的神道碑也说："先孔子而圣者，非孔子无以明，后孔子而圣者，非孔子无以法。"可见孔子为封建制度立言立法所起到的承先启后的伟大的历史作用，是孔子的名字与思想得以与封建制度共存的原因。对于孔子在中国文化史上的地位，自近代以来，有不少学者认为是历代帝王对于孔子的提倡所致。唐君毅还曾说过这样一段话："孔子在中国历史文化的地位之形成，初亦不由于帝王或政治上居高位者的提倡，却是主要赖于孔子之弟子后学，及后来各时代在不同的学术文化领域中兴起的突出人物之尊崇。而这些人物之兴起，则经常是当其个人居贫贱之位，在困厄忧患之中，或整个民族生命，文化生命遭遇艰难挫折，人心危疑震撼之时，由对孔子之教，有种种不同的体悟，而自动兴起，求对孔子之学与教，上有所承，下有所启……"（《中国哲学原论·原教篇》）

二、先秦儒家

（一）孟氏之儒

1. 学派简述

学术界一般认为，“孟氏之儒”是以孟子为代表的。孟子是战国中期儒家的主要代表人物，他发展了孔子的“仁学”思想，提出了“人性本善”的理论，以及施行“仁政”、“王道”的政治理想和“民贵君轻”的民本思想等。孟子曾自云：“予未得为孔子徒也，子私淑诸人也。”（《孟子·离娄下》）司马迁在《史记·孟子荀卿列传》中则谓其“受业于子思门人”。荀子在《非十二子》中说“子思唱之，孟轲和之”，则“孟氏之儒”又当与“子思之儒”为一系。

2. 孟子及其主要思想

孟子（前372年—前289年），名轲，字子舆。战国时期鲁国人，中国古代著名思想家、教育家。孟子继承并发扬了孔子的思想，成为仅次于孔子的一代儒家宗师，有“亚圣”之称。现有《孟子》一书传世，成为儒家经典。

孟子远祖是鲁国贵族孟孙氏，后来家道衰微，迁至邹城。据记载，孟子三岁时父亲逝世，只与母亲相依为命。在孟子小的时候，母亲为了给他一个好的学习环境，曾三次搬家，后人称之为“孟母三迁”。开始，他们住在墓地旁边，孟母看到孟子和邻居玩伴一起学着大人跪拜、哭嚎，觉得对孩子不利，就带着孟子搬到市集旁边居住，孟子又和邻居玩伴学起商人做生意的样子，一会儿鞠躬欢迎客人、一会儿招待客人、一会儿和客人讨价还价，孟母又带着他搬到了学宫附近，孟子开始变得守秩序、懂礼貌、喜欢读书。孟母教子甚严，其“迁地教子”、“三断机杼”，成为千古美谈，《三字经》里有“昔孟母，择邻处”之说。孟子在母亲严格、有效的管教之下，勤奋读书，并立志成材，终于有了后来伟大的成就。

孟子长大后，被孔子的儒家思想所吸引，于是决定离开邹城到孔子所在的陬邑学习，师承子思（一说是师承子思的学生）。孟子继承和发展了孔子的思

想，提出一套完整的思想体系，终于名扬天下。邹国和鲁国国君也时常向他请教治国之道。可惜邹、鲁这样的小国，很难实现孟子“仁政”的抱负。孟子周游齐、晋、宋、薛、鲁、滕、梁列国，游说他的“仁政”和“王道”思想。但由于当时诸侯各国忙于战争，他的仁政学说被认为是“迂远而阔于事情”，几乎没有人采纳他的治国思想。于是孟子归而与弟子讲学著书，作《孟子》七篇。孟子长于辩论，气势恢宏，时值“百家争鸣”的时代，“杨朱、墨翟之言盈天下”，孟子站在儒家立场加以激烈抨击。孟子维护并发展了儒家思想，提出了“仁政”学说和“性善”论观点，坚持以“人”为本。

孟子的地位在宋代以前并不很高。自韩愈的《原道》将孟子列为先秦儒家中唯一继承孔子“道统”的人物开始，出现了一个孟子的“升格运动”，孟子的地位才逐渐提升。北宋神宗熙宁四年，《孟子》一书首次被列为科举考试必考科目之一，之后《孟子》一书升格为儒家经典。南宋朱熹将其与《论语》、《大学》、《中庸》合称为“四书”。元朝至顺元年，孟子被加封为“亚圣公”，以后就称为“亚圣”，地位仅次于孔子。其思想对后世影响巨大，与孔子思想合称为“孔孟之道”。

(1) 性善论

孟子的主要哲学思想，是他的性善论。“性善论”是孟子谈人生和谈政治的理论根据，在他的思想体系中是一个中心环节。《孟子·公孙丑上》：“人皆有不忍人之心。先王有不忍人之心，斯有不忍人之政矣。以不忍人之心，行不忍人之政，治天下可运之掌上。所以谓人皆有不忍人之心者，今人乍见孺子将入于井，皆有怵惕恻隐之心。非所以内交于孺子之父母也，非所以要誉于乡党朋友也，非恶其声而然也。”《孟子·尽心上》：“人之所不学而能者，其良能也；所不虑而知者，其良知也。孩提之童无不知爱其亲者，及其长也，无不知敬其兄也。”孟子从这种“不忍人之心”与先天的“不学而能”论证了人善的“本心”，从而确立了性善论。

由本心论本性，由不忍人之心得出“四端”说，即人之有“仁义礼智”四德。“恻隐之心，人皆有之；羞恶之心，人皆有之；恭敬之心，人皆有之；是非之心，人皆有之。恻隐之心，仁也；羞恶之心，义也；恭敬之心，是非之心，智也。仁、义、礼、智，非由外铄我也，

我固有之也。”（《孟子·告子上》）他认为“仁、义、礼、智”是人们与生俱来的东西，即将善这种本性看做生而有之的，不是从客观存在着的外部世界所取得的。

“性善论”是一套唯心主义的说法，不过，孟子以“性善论”为人们修养品德和行王道仁政的理论根据。他认为，仁、义、礼、智四者之中，仁、义最为重要；仁、义的基础是孝、悌，而孝、悌是处理父子和兄弟血缘关系的基本的道德规范；他认为如果每个社会成员都用仁义来处理人与人的各种关系，封建秩序的稳定和天下的统一就有了可靠保证，这对于古代君主修德政具有一定程度的积极意义。

(2) 民贵君轻

“民贵君轻”是孟子提出的社会政治思想，是他关于仁政学说的核心，孟子曰：“民为贵，社稷次之，君为轻。是故得乎丘民而为天子，得乎天子为诸侯，得乎诸侯为大夫。诸侯危社稷，则变置。”（《孟子·尽心下》）他鲜明地提出了关于民众、国家、君王之间关系的主张，成为我国民本主义思想中最具代表性的观点。孟子十分重视民心的向背，认为如何对待人民这一问题，对于国家的治乱兴亡具有极端的重要性，他通过大量历史事例反复阐述这是关乎得天下与失天下的关键问题。

养民第一，制民之产。“不违农时，谷不可胜食也；数罟不入洿池，鱼鳖不可胜食也；斧斤以时入山林，材木不可胜用也。谷与鱼鳖不可胜食，林木不可胜用，是使民养生丧死无憾也。养生丧死无憾，王道之始也。五亩之宅，树之以桑，五十者可以衣帛矣。鸡豚狗彘之畜，无失其时，七十者可以食肉矣。百亩之田，勿夺其时，数口之家可以无饥矣。谨庠序之教，申之以孝悌之义，颁白者不负戴于道路矣。七十者衣帛食肉，黎民不饥不寒，然而不王者，未之有也。”（《孟子·梁惠王上》）强调养民畜民的重要性，且在教化之先。“今也制民之产，仰不足以事父母，俯不足以畜妻子，乐岁终身苦，凶年不免于死亡。此唯救死而恐不赡，奚暇治礼义哉？”（《孟子·梁惠王上》）

孟子在当时激烈的社会政治经济环境当中，看到了民心的向背对于国家政权的安稳的决定性意义，所以他特别强调“得其民斯得天下”（《孟子·离娄上》）。孟子认为对于失掉民心的天子、诸侯可以“变置”，关注的不是君王的威严，而是民众的意志；不是统治者的权益，而是民众的命运。这在政治上突出了统治者实行“仁政”的必要性，在道义上肯定了民众反抗、推翻暴君的正义

性，在当时是一个了不起的进步。尽管在长达两千多年的封建社会中，“民贵君轻”的思想不可能得到真正意义上的贯彻，但是孟子的“性善论”为仁政的实现提供了理论依据，在一定程度上对统治者起了制约作用。

(3) 仁政学说

《孟子》一书总共不过三万五千字，但光“仁”字就出现了150次，可见孟子对“仁”的重视程度。针对春秋战国时代连年战争、生民涂炭的现实，孟子继承并发展了孔子的仁学思想，还从中阐发出了“仁政”理论，使之成为代表的一整套社会政治主张，对两千年来中国封建社会的历史产生了异乎寻常的影响。仁政学说是孟子政治思想的核心和主要特征，推而广之甚至可以说是整个儒家政治思想的标志。

按照思想自身发展的逻辑，从纵的方面来说，孟子的政治思想是对孔子“为政以德”思想的继承与发展；从横的方面来说，孟子的政治思想是从他的性善论发展而来，人都有不忍人之心，实行于政治方面，就是不忍人之政，亦即仁政。孟子的仁政思想比孔子的德政有更多具体的内容，包括经济、政治、教育以及统一天下的途径等，其中贯穿着一条民本思想的线索。仁政的核心是政治方面的重民，如前文所提，孟子提出了“民为贵，社稷次之，君为轻”（《孟子·尽心下》）的伟大思想。经济方面，孟子认为仁政的基础是“养民”，方式是制民之产，孟子强调保护小农经济，以此来维持和改善老百姓的生计，从而奠定政权稳定的基础。孟子把伦理和政治紧密结合起来，强调道德修养是搞好政治的根本。他说：“天下之本在国，国之本在家，家之本在身。”后来《大学》提出的“修齐治平”就是根据孟子的这种思想发展而来的。刑法方面，孟子针对当时刑罚严苛的局面，提出省刑罚的主张；特别值得一提的是，孟子反对株连，提出“罪人不孥”，这一主张贯彻了儒家的仁爱思想，具有进步性，对中国历史和民族文化性格的形成具有重大影响。

孟子认为，这是一种最理想的政治，如果统治者实行仁政，可以得到人民的衷心拥护；反之，如果不顾人民死活，推行暴政，将会失去民心而变成独夫民贼，被人民推翻。孟子仁政的政治思想，关注了人民生存的权利。孟子的仁政继承与发展了孔子关于仁的思

想，是中国古代思想发展史上的一座丰碑。

（二）孙氏之儒

1. 学派简述

学术界一般认为“孙氏之儒”就是以荀子为代表的一派。荀子是战国晚期儒家的主要代表人物，他继承了孔子的治学传统，是儒家经学的主要传播者之一；在政治思想上发展了孔子的“礼学”，倡言礼法兼治；哲学上主张“天人相分”、“制天命而用之”；认为“人之性恶，其善者伪也”，强调后天学习的重要性。孙氏之儒中除那些传承荀子经学的弟子之外，有名者是韩非和李斯，但他们两人已经突破了其老师荀子的儒家学派的界限，而成为法家的代表人物。

2. 荀子及其主要思想

荀子（前 313—前 238 年）名况，字卿，因避西汉宣帝刘询讳，因“荀”与“孙”二字古音相通，故又称孙卿，战国末期赵国人，儒家代表人物之一。荀子一生在各国游历，晚年从事教学和著述，对重整儒家典籍也有相当的贡献。

据说，荀子 20 岁时，就已在燕国从事政治，后适齐。公元前 285 年，齐闵王灭掉了宋国，夸耀武功，不尚德治，荀子曾进行诤谏，但未被采纳，于是他就离齐赴楚。次年，燕将乐毅率燕、赵、韩、魏、秦王国之师攻齐，陷齐都临淄，齐国几至灭亡。后齐将田单乘燕惠王用骑劫代乐毅为将之机，向燕军发起反攻，一举收复失地，“迎襄王于莒，入于临淄”。齐襄王复国后，吸取先王的教训，又招集亡散的学士，重整稷下学宫，“修列大夫之缺”。这时，荀子在楚国，正逢秦将白起攻楚，陷郢烧夷陵，举国大乱，楚人仓皇迁都于陈。荀子在战乱中离楚来齐，参加稷下学宫的恢复重建工作。荀子凭借他的学识和才德，在复办的稷下学宫中“最为老师”、“三为祭酒”，成为稷下学宫当之无愧的领袖。

公元前 264 年，齐襄王死，荀子在齐更不得志，秦国于此时聘请他入秦，荀子遂离齐赴秦，对秦国的政治、军事、民情风俗以及自然地形等都进行了考察。他建议秦昭王重用儒士，“力术止、义术行”。秦昭王虽然口头称善，但他事实上正忙于兼并战争，所以没有真正采纳他的建议，于是荀子又离开秦地。

公元前 259 年至 257 年间，荀子曾在赵与临武君在赵孝成王前议兵，提出了“善用兵者”“在乎善附民”的主张，以“王兵”折服了临武君的“诈兵”，使赵孝成王和临武君都不得不称“善”（《荀子·议兵》）。但处于“争于气力”的当时，赵王“卒不能用”。于是他只好离开父母之邦而又回到齐国。

齐国这时的朝政由“君王后”（襄王后）控制。荀子向齐相进言，论述齐国内外大势，劝他“求仁厚明通之君子而托王焉与之参国政、正是非”，并对“女主乱之宫，诈臣乱之朝，贪吏乱之官”的弊政进行了批评。结果，正如《史记·孟子荀卿列传》所载：“齐人或谗荀卿，荀卿乃适楚，而春申君以为兰陵令。”荀子直言进谏反而受到了谗言的攻击，因此他在齐国再也呆不下去了。于是他转而赴楚，正碰上楚灭鲁新得兰陵之地，因而被春申君任命为兰陵令。荀子在楚为兰陵令也不是一帆风顺的。他任职不久，就有人向春申君进谗，于是他只好离楚而回到赵国。在家邦，荀子这次得到了较高的礼遇，被任为“上卿”或“上客”。楚人听到后，就劝谏春申君，春申君又“使人请孙子于赵”。荀子致信辞谢，对楚政多所批评。春申君深为后悔，又一再坚请。可能是为春申君的诚意所动，荀子又回到楚国，复任兰陵令。

公元前 238 年，楚考烈王卒，李国伏死士杀春申君。荀子失去政治上的依靠，废官居家于兰陵——“著数万言而卒，因葬兰陵”，其寿可能高达百岁。

荀子的著作，见于《荀子》一书。《劝学》、《修身》、《不苟》、《非十二子》、《天论》、《正名》、《性恶》等 22 篇，都为荀子亲著。其他 10 篇，有的为荀子弟子所论，有的为荀子所撰辑的资料，它们都是我们研究荀子的思想和事迹的主要材料。

（1）性恶论

《荀子·性恶》中，荀子认为人性有两部分：性和伪。性是人先天的动物本能，是恶；伪是人后天的礼乐教化，是善。性（动物本能）的实质是各种欲望，如果顺从性，人就会为满足欲望不择手段，导致道德沦丧、天下大乱。圣人知道性是恶的，所以创制礼义道德，“化性起伪”，用伪取代性，使人变善。

那么为什么要伪？善有什么用？《荀子·王制》中又说：论力气，人不如牛；论速度，人不如马，然而人却驯化了牛马为己所用，这是为什么？因为人能组成社会，团结一致，而牛马等兽类不能。人为什么能组成社

会？因为人有道德（义），有了道德，就能组成牢固的社会，使人的力量大增，人类繁荣发展，幸福生活。道德的作用就是维持社会内部秩序，构建“和谐社会”。这就是伪的作用。伪（礼义道德）能维持社会的正常秩序，保证人类的生存。

(2) 隆礼重法

荀子的“性恶”论为其“隆礼重法”主张提供了哲学论证。

荀子的政治思想是重视“礼”学的，这似乎是继承了孔子的思想传统。其实，荀子对孔子的“礼”学进行了历史的改造，他重新解释了“礼”的产生与社会功能。他提出：“礼起于何也？”曰：“人生而有欲，欲而不得，则不能无求，求而变量分界，则不能不争，争则乱，乱则穷。先王恶其乱也，故制礼义分之欲，以养人之欲，两者相持而长，是礼之所起也。”（《礼论》）很明显，荀子把“礼”解释为调解财产关系，调解社会关系的伦理范畴和标准。这是一种新生活的思想，是在酝酿一种新兴制度的诞生。荀子的“礼”已经包含了“法”的思想，所以他的“法”实际上也就是在封建社会中起不成文的“法”的作用，这就是有了调和礼法的倾向。他也曾明确说：“礼者，法之大分，群类之纲纪者也。”（《劝学》）因此他提出的治国指导思想或治国的思想纲领便是：“隆礼重法，则国有常，尚贤使能，则民知方。”（《君道》）又说：“君人者，隆礼尊贤而立重法爱民而霸。”（《大略》）

当人们把儒学与秦代联系在一起的时候，一般所想到的就是“焚书坑儒”。秦代往往被看成儒学发展的灾难性时刻。所谓：“及至秦之季世，焚《诗》《书》，坑术士，六艺从此缺焉。”（《史记·儒林列传》）实际上，秦人对以儒家为代表的礼乐文化也是采取了吸收的态度，秦始皇本人对秦人低下的文化程度有着清醒的认识，所以他也试图加以改变。他在坑儒之后说“召文学方术之士甚众，欲以兴太平”。这并不是一句空话，他的确是有所作为的，而以儒学为代表的礼乐文化在秦代也有着巨大的发展，主要表现在博士官的设置和儒家经典的整理和传播等方面。秦代是汉代儒学转换的奠基、酝酿时期，是中国学术传承中极其重要的一环。

三、汉代儒家

（一）今文经学

1.学派简述

承秦制的汉王朝，以“除秦苛法”为号召收拢民心，从而为自己取得一个较为稳固的统治基础。与这种政治需要相适应，在思想方面，汉初统治集团便推崇黄老，以“无为”之道来折中法家的严酷。这时，儒学并未受统治者的真正重视。不过，儒学的处境，总比秦时有所改善，作为一种学术得到了官方的庇护，少数传授儒学经籍的人还当上了朝廷的经学博士。几乎湮没的儒学，又逐渐复苏。后来在孔子故居又发现隐藏的一部分儒经，以孔子时代的蝌蚪文记载，刘歆做了整理，称古文经学。汉朝时，五经通过年迈儒者的口述得到复原，以汉隶书写，称今文经学。此派中最初传经的以齐地人居多，他们的传经之学便又叫“齐学”。这种“齐学”，受战国时齐人邹衍一派阴阳五行家的影响很深，所以他们传授的儒学中感染了阴阳五行的色彩，从而形成了一种神学化的儒学。其中，董仲舒作为今文经学的重要代表人物，是西汉儒学不容回避的标志性人物。

2.董仲舒及其主要思想

董仲舒（前 179 年—前 104 年），西汉时期著名的思想家，今文经学代表人物。汉武帝元光元年任江都易王刘非国相；元朔四年（前 125），任胶西王刘端国相，4 年后辞职回家。此后，居家著书，朝廷每有大议，令使者及廷尉就其家而问之，仍受武帝尊重。

汉初以黄老“无为”思想补法家严苛峻急之弊，取得了经济发展的成绩，但也逐步酿成权力分散，诸侯专恣，威胁中央皇权的严重危机。贾谊、晁错诸人向皇帝出谋献策，力主“强干弱枝”，加强君主集权，削弱群藩——矛盾的发展，终于爆发了“七国之乱”，这一切都表明“无为而

治”的政策已经需要改变。武帝时，汉王朝凭借经济上的雄厚条件，决定改行“有为而治”的政策，重新加强君主集权。继秦始皇之后，中国历史上又一次出现鼓吹极端君主专制的高潮。儒学适应这种变化，取代了黄老的地位，而被“独尊”；而倡导“独尊儒术”的第一人就是董仲舒，正所谓“天人三策称圣意，董生一举天下知”。

(1) 天人感应，君权神授

天人关系说先秦时就有之，但董仲舒杂糅诸家，加以发展，吸收了阴阳五行学说和对自然现象的比附来详尽论证，将这个学说发展成为天人感应学说。董仲舒认为《春秋》一书记录了几百年的天象资料，所以后世灾异要以《春秋》为根据来解释。他通过援引阴阳五行学说解释《春秋》考察其中与天灾人事的联系，从而建立起“天人感应”学说。

董仲舒的“君权神授”思想以“天人感应”论为基础。董仲舒认为有“天命”、“天志”、“天意”存在，认为：“天者，万物之祖，万物非天不生。”“唯天子受命于天，天下受命于天子。”（《春秋繁露·为人者天》）天是宇宙间的最高主宰，天有着绝对权威，人为天所造，人符天数，天人合一，于是天命在论证君主权威的重要性方面得到了空前提高。把君权建筑在天恩眷顾基础上，君权乃天所授。人君受命于天，奉天承运，进行统治，代表天的意志治理人世，一切臣民都应绝对服从君主，“屈民而伸君，屈君而伸天”（《春秋繁露·玉杯》），从而使君主的权威绝对神圣化。这有利于维护皇权，构建大一统的政治局面。

天人感应在肯定君权神授的同时，又以天象示警，异灾谴告来鞭策约束帝王的行为。认为：“国家将有失道之败，而天乃先出灾害以谴告之，不知自省，又出怪异以警惧之，尚不知变，而伤败乃至。”（《汉书·董仲舒传》）这就使得臣下有机会利用灾祥天变来规谏君主应法天之德行，实行仁政；君王应受上天约束，不能为所欲为，这在君主专制时期无疑具有制约皇权的作用，有利于政治制约和平衡。

“天人感应”为历代王朝帝王所尊崇，影响深远。天人感应对皇帝的警策作用，据《汉书》、《后汉书》记载，汉宣帝、汉元帝、汉成帝、光武帝等几个

皇帝，在出现日食、旱灾、蝗灾、洪灾、地震等灾异时，都下“罪已诏”。后世皇帝每逢灾荒年实行免租减赋、开仓赈灾等措施，无不深受“天人感应”思想的影响。

(2) 罢黜百家，独尊儒术

一方面董仲舒通过君权神授论竭力为君权的合理性作出证明，树立君主的绝对权威，以此依托君权来确立儒家的正统地位。另一方面儒家又通过天人感应论，假上天之威，对皇帝言行提出要求，皇帝必须时刻注意天的喜怒哀乐，按上天的旨意来行事。而“天意”的解释权则牢牢被儒生抓在手中，这样就实现了儒家对君权的限制和控制。儒家与权力的结合使得儒家对整个社会的影响力和对入仕者的吸引力大大增强。

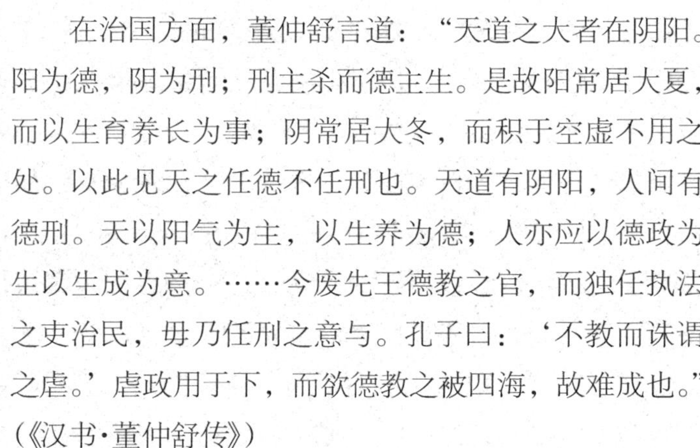

在治国方面，董仲舒言道：“天道之大者在阴阳。阳为德，阴为刑；刑主杀而德主生。是故阳常居大夏，而以生育养长为事；阴常居大冬，而积于空虚不用之处。以此见天之任德不任刑也。天道有阴阳，人间有德刑。天以阳气为主，以生养为德；人亦应以德政为生以生成为意。……今废先王德教之官，而独任执法之吏治民，毋乃任刑之意与。孔子曰：‘不教而诛谓之虐。’虐政用于下，而欲德教之被四海，故难成也。”(《汉书·董仲舒传》)

因此他主张“德主刑辅、重德远刑”，并以春秋决狱，来匡正律令严峻的弊病。认为人君应当施仁政。董仲舒的“德”主要是指人伦纲常。孔孟认为人间有五伦，所谓君臣、父子、夫妇、兄弟和朋友。而董仲舒则择其要者改为“三纲”，君为臣纲、父为子纲、夫为妻纲。再将原先儒家主张的五种德性（仁、义、礼、智、信）合为“五常”。并认为三纲五常可求于天，不能改变。“三纲五常”历来被视为封建社会伦理秩序的根基。但是在同时又起到了制衡君主权力这样一个目的，“三纲”里的“父为子纲”，使得皇帝（天子）也要“事天以孝道”，皇帝也必须信奉天人感应，施行仁政。

董仲舒所提倡的“罢黜百家，独尊儒术”也不是单纯以尊儒为目的的，它的目的是树立一种国家唯一的统治思想，用思想上的统一来为政治上的大一统服务。他对汉武帝说过这样一段话：“《春秋》大一统者，天地之常经，古今之通谊也。今师异道，人异论，百家殊方，指意不同，是以上亡以持一统，法制数变，下不知所守。臣愚以为诸不在六艺之科，孔子之道者，皆绝其道，勿使并进，邪辟之说灭息，然后统纪可一而法度可明，民知所从矣。”（《汉书·董仲舒传》）此外，在教育思想上，董仲舒提倡建立太学，改革人才选拔制度。为儒生进入政治权力机构，参与权力运作，提供了便利条件，儒生逐渐成为政治思想界的决定性力量，有力地维护了儒家的独尊地位。

儒学在董仲舒之后赢得了“独尊”的地位，但钱穆先生认为这种“独尊”无论在政治主张上，还是在理论形态上，都大大背离了孔子儒学的原貌。从董仲舒起，以后的儒学政治学说，已经再也不是孔子和孟子学说的原本状态了，而是采择和拼凑儒法两家政治观点的混合物。这是历史上儒法思想的第二次大交流。正是由于法家的政治主张已为儒学所融汇，所以从董仲舒以后，法家就再也没有作为一个与儒家相对立的独立的学派在历史舞台上出现过。董仲舒对这套政治主张的理论表述，是采取宗教化的神学形态，谶纬迷信之风到西汉末年便盛行起来。东汉章帝时召开的“白虎观会议”，名义上是为了“讲议《五经》异同”，事实上则是借皇帝的威势，用图谶纬书来妄断经义。官方儒学至此完全丧失了理论上和学术上的价值，堕落成专言灾异祥瑞的宗教巫术。

（二）古文经学

东汉末古文经学盛行，陆续出现过马融、郑玄等名家。他们力图调和古今文之争，建立统一的经学，在经学训诂上颇有成就，在理论上却无所建树，更谈不上结束神学化儒学的统治了。

东汉末年爆发了黄巾大起义。起义的农民以道教的口号动员和组织群众，并以此与官方的神学化儒学相抗衡，起义虽归失败，但东汉王朝却在起义的烈

火中被埋葬，儒学的尊严也扫地以尽。拥兵割据的军阀们，转向探求如何富强的法术。同时，被披上道教外衣的老、庄思想，也重新活跃起来，从而一步步演化出魏晋间玄学风靡一时的新局面。何晏、王弼等以老子哲学解《易》，援道入儒；嵇康，阮籍则公然师法老、庄，反对礼义。在“名教”与“自然”这种似乎纯哲理的争论后面，隐藏着地主阶级不同阶层、不同集团间利益上的冲突。从传统思想的消长盛衰上看，老、庄思想昌盛了，儒学沉寂下去了，儒、道交流结合而成的玄学，已经没有多少儒学的真实内容。这是汉代儒学独尊局面的否定。不过，它也透露出一种趋势：儒道的合流是不可避免的，用老庄的思辨哲学来补充、解释、阐发儒学的政治观和伦理观，恰是统治思想解脱危机的一条出路。

佛教自东汉时传入中国，到南北朝时期空前兴盛，与儒、道鼎足而立。儒学又添了一个强大的外来竞争对手。儒、佛、道之间经过长时期的反复较量，互相排斥又互相吸取。一度形成“三教合一”的局面。但那只是反映出统治者的一种愿望，并没有真正做到理论上的融合。唐初，太宗命孔颖达修《五经正义》、颜师古考定《五经》文字，没有突破汉末古文经学训诂的窠臼。不过，在唐代这个中国封建文化的鼎盛时期，儒、佛、道之间具备了一个充分交流思想的好条件。盛唐时，儒生讲习佛、老哲理，已成风尚。僧人而通儒学的，也多起来。这种儒、佛、道融合的新场面，恰恰在韩愈为主要代表的保卫“道统”、排斥佛教的运动中，奇异地拉开了序幕。柳宗元直接主张儒、佛、道的合一，韩愈却以“纯正不二”的儒学道统继承者的面目奠定了自己在儒学历史上的地位。

四、宋明儒家

（一）学派简述

1. 学派简述

程朱理学亦称程朱道学，是宋明理学的主要派别之一，也是理学各派中对后世影响最大的学派之一，由北宋二程（程颢、程颐）兄弟创立。二程曾同学于北宋理学开山大师周敦颐，著作被后人合编为《河南程氏遗书》。他们把“理”或“天理”视作哲学的最高范畴，认为理无所不在，不生不灭，不仅是世界的本源，也是社会生活的最高准则。在穷理方法上，程颢“主静”，强调“正心诚意”；程颐“主敬”，强调“格物致知”。在人性论上，二程主张“去人欲，存天理”，并深入阐释这一观点使之更加系统化。二程学说的出现，标志着宋代理学思想体系的正式形成。

二程的思想经过弟子杨时，再传罗从彦，三传李侗的传承，到南宋朱熹完成，由于朱熹是这一派的最大代表，故又简称为朱子理学。朱熹继承和发展了二程思想，建立了一个完整而精致的客观唯心主义的思想体系。他认为，太极是宇宙的根本和本体，太极本身包含了理与气，理在先，气在后。太极之理是一切理的综合，它至善至美，超越时空，是“万善”的道德标准。在人性论上，朱熹认为人有“天命之性”和“气质之性”，前者源于太极之理，是绝对的善；后者则有清浊之分，善恶之别。人们应该通过“居敬”、“穷理”来变化气质。朱熹还把理推及人类社会历史，认为“三纲五常”都是理的“流行”，人们应当“去人欲，存天理”，自觉遵守三纲五常的封建道德规范。朱熹学说的出现，标志着理学发展到了成熟的阶段。

宋元明清时期，历代统治者多将二程和朱熹的理学思想扶为官方统治思想，程朱理学也因此成为人们日常言行的是非标准和识理践履的主要内容。在南宋以后六百多年的历史进程中，程朱理学在促进人们的理论思维、教育人们知书识理、陶冶人们的情操、维护社会稳定、推动历史进步等方面，发挥了积极的

作用。同时，它对中国封建社会后期的历史和文化发展，也有巨大的负面影响。不少人把程朱理学视为猎取功名的敲门砖，他们死抱一字一义的说教，致使理学发展越来越脱离实际，成为于世无补的空言，成为束缚人们手脚的教条。元明清时期，科举考试都以朱熹的理学内容为考试题目，对思想产生了很大的影响。清代中期，戴震批判朱熹理学“酷吏以法杀人，后儒以理杀人”。

程朱理学是儒学发展的重要阶段，适应了封建社会从前期向后期发展的转变，封建专制主义进一步增强的需要，他们以儒学为宗，吸收佛、道，将天理、仁政、人伦、人欲内在统一起来，使儒学走向政治哲学化，为封建等级特权的统治提供了更为精细的理论指导，适应了增强思想上专制的需要，深得统治者的欢心，成为南宋之后的官学。故如对宋明理学的概念不做特别规定的话，在通常的意义上便是指程朱一派的理学。

2. 朱熹及其主要思想

朱熹（1130—1200 年），字元晦，一字仲晦，号晦庵、晦翁、考亭先生、云谷老人、沧州病叟、逆翁，南宋江南东路徽州府婺源县（今江西省婺源）人。南宋著名的理学家、思想家、哲学家、教育家、诗人、闽学派的代表人物，世称朱子，是孔子、孟子以来最杰出的弘扬儒学的大师。

朱熹出生于南宋高宗建炎四年，14 岁时，遵父遗命，师事刘子翚等人，随母迁居建阳崇安县。19 岁时，以建阳籍参加乡试、贡试，荣登进士榜。历仕高宗、孝宗、光宗、宁宗四朝，曾任知南康，提典江西刑狱公事、秘阁修撰等职。为政期间，申敕令，惩奸吏，治绩显赫。31 岁时，朱熹正式拜程颐的三传弟子李侗为师，专心儒学。朱熹在“白鹿国学”的基础上，建立白鹿洞书院，订立《学规》，讲学授徒，宣扬道学。在潭州修复岳麓书院，讲学以穷理致知、反躬践实以及居敬为主旨。他继承二程，又独立发挥，形成了自己的体系。朱熹在从事教育期间，对于经学、史学、文学、佛学、道教以及自然科学，都有所涉及或有著述，著作广博宏富。庆元三年，韩侂胄擅权，排斥赵汝愚，朱熹也被革职回家，庆元六年病逝。嘉定二年诏赐遗表恩泽，谥曰“文”，赠中大夫，特赠宝谟阁直学士。理宗宝庆三年，赠太师，追封信国公，改徽国公。

朱熹是中国文化史上的巨人，是“理”学的集大成者，其思想被视为儒家正统，支配中国思想界达六百年之久。他的思想体系庞大，对多个学科都有所建树。朱熹在探究和阐释中国传统哲学时所使用的基本术语如天理人欲、道心人心、形而上形而下、动静、道器、性情等等，都是围绕着“理”来展开的。他的思想缜密严谨，“理”的本体性贯穿一切。朱熹在追求“天理”的同时，把“人欲”看成是求“天理”道路上的最大障碍。于是，朱熹提出“灭人欲”的思想主张，并把它看作“成圣”的必要途径。

（1）天理论

朱熹继承了二程的理本论思想，以“理”为其最高范畴，通过对“理”与“气”关系的研究和展开，建立起自身庞大而成熟的哲学体系。他的天理论，则是这一哲学体系的理论基石。

他首先说明理与天下万物的关系，提出了理在事上、理在事中的观点。他说：“理也者，形而上之道也。”（《朱文公文集·卷五十八》）认为日月星辰，山川草木，人物禽兽，皆为形而下之器。同时，这形而下之器之中，便各自有个道理，此便是形而上之道。在他看来，理是抽象的普遍原则，并且理具有“无情意、无计度、无造作”（《朱子语类·卷一百二十六》）的超意志特征，和“无所适而不在”（《朱子语类·卷七十》）的超时空特征；普遍之理又存在于具体事物之中，天下没有理外之物，如他举例说，阶砖有阶砖之理，竹椅有竹椅之理。形而上的理，何以在事物之上之先？朱熹从理为本体角度回答了这一问题。他说：“若在理上看，则虽未有物而已有物之理。然亦但有其理而已，未尝实有是物也。”（《朱文公文集·卷四十》）这即是说，在世界本原的理那里，其本然状态便内含了物之理，它存在于天地万物之先，而万物则是理之后由理所派生形成。他进而说：“未有天地之先，毕竟也只是理。万一山河大地都陷了，毕竟理却只在这里。”（《朱子语类·卷一》）他强调在万物生成之前，理已存在，而且不依具体事物的转化灭亡为转移，理具有永恒独立的普遍性质。

朱熹从他的理气关系理论出发，提出“理”决定“气”，理气结合构成天下

万物。何谓理气？他说：“理也者，形而上之道也，生物之本也。气也者，形而下之器也，生物之具也。是以人物之先，必禀此理然后有性，必禀此气然后有形。”（《朱文公文集·卷五十八》）这就是说，理与气两大因素，是道器对置关系，任何器物都离不开二者。“理”是产生万物的本质根据，气是构成万物的物质材料，观念性本体的理与物质材料的气彼此结合，便形成了天地万物。这里，朱熹把张载视作世界本原的“气”，作为第二性的亚层次，与二程视作宇宙总则的“理”，联结为一个不可分割的统一体。在理气统一体内，“理”是第一性的，是道是本；“气”是第二性的，是器是用。他以此克服张载重气轻理、二程重理轻气的各执一偏的片面性，形成自己的理气说。

朱熹天理论，是天人合一于“理”的学说。“理”，既指万物的所以然规律，又指孝亲事兄所当然的道德原则。他说：“天下之物，则必各有所以然之故与所当然之则，所谓理也。”（《大学或问·卷一》）他认为，宇宙规律与社会道德，二者由天理所赋予，存在所当然的现实指令和所以然的本质规律。如讲孝亲事兄是当然之则，究其孝与事的原因，则是属所以然的规律。朱熹无意构造自然哲学的纯理论，他所主张的是以天理的所以然规律，论证说明其所当然的道德律令。他说：“君臣父子夫妇长幼朋友之常，是皆必有当然之则而不容已，所谓理也。”又说：“理则为仁义礼智。”（《大学或问》）可见，朱熹的“理”本体是直接投射和服务于现实社会生活的，是为维护基本的封建制度，为在封建秩序下处理人世五伦关系而规定的现实道德指令。

(2) 人欲论

朱熹认为:“人物之生，必禀此理，然后有性；必禀此气，然后有形。”（《答黄道夫》）也就是说，人的本性从“理”来，人的形体从“气”来，这是承接了张载的学说进而扩充了自己的关于“人性的理论”，他认为:“天之生此人，无不与之以仁义礼智之理，亦何尝人不善？但欲生此物，必须有气，然后此物有以聚而成质；而气之为物，有清明昏浊之不同，禀其清明之气，而无物欲之累，则为圣；禀其清明而无纯全，则未免微有物欲之累，而能克以去之，则为贤；禀其昏浊之气，

又为物欲之所蔽而不能去，则为愚，为不肖。是皆气禀物欲之所为，而性之善未尝不同也。”(《玉山讲义》)

由此可以看出，朱熹认为人所禀受的气有清浊之分，“天命之性”的气是禀清的，因而是善的，所以他认为“天命之性”就是“天理”，是无有不善的；而“气质之性”的气有清有浊，因而是善恶相混的，所以他认为“气质之性”是受到外界的物欲的诱惑和牵累，是产生“欲”的根源，是有善有恶的。《尚书·大禹谟》云:“人心唯危，道心唯微，唯精唯一，允执厥中。”意思是:“人心”是人对声色名利的欲望追求而产生贪嗔痴爱的不良念头，使人人自危而贪图安逸；“道心”是正大之心天地自然之心，儒家称之为良知、良能、止于至善之心。“唯精唯一”就是要集中精神，以审慎细致的思维，回归先天道心之一性，才能“允执厥中”，使言行符合不偏不倚的中正之道。所以，朱熹把“天命之性”看成是“道心”，把“气质之性”看成是“人心”，朱熹要使“人心”回归“道心”，克服不善的思想和行为，就要克服“气质之性”所带来的物欲，所以“人之一心，天理存，则人欲亡；人欲胜，则天理灭”。(《朱子语类·卷十三》)“学者须是革尽人欲，复尽天理，方始是学。”(《朱子语类·卷十三》)有人问朱熹:“饮食之间，孰为天理，孰为人欲?”他回答说:“饮食者，天理也；要求美味，人欲也。”(《朱子语类·卷十三》)在朱熹看来，人们对美味的需求也是“人欲”的表现，因而要抛弃。可是人类社会的发展演变，正是建立在人们欲望的不断呈现和满足的基础上的。没有“人欲”，也就很难有社会的进步。无论如何，“人欲”的消极意义也是显而易见的，人们的争夺厮杀以及相互欺诈，都往往和“人欲”的膨胀息息相关。

在程朱理学发展的同时，还兴起一个强调“以利和义”，反对义利对立的儒家学派，称为事功学派，不过没有成为主流。事功学派源于王安石“为天下国家之用”的实用思想，包括以叶适为代表的永嘉学派和以陈亮为代表的永康学派，与理学相抗衡并在乾道、淳熙间形成鼎盛之势。他们认为理学家空谈“性与天命”，对其“静坐”、“存养”功夫尤为不满。倡言功利，赞许“三舍法”，主张习百家之学、考订历代典章名物，以培养对社会有实际作为的人才。其学说开启了明末清初颜元、黄宗羲、王夫之等的启蒙教育思想。

（二）陆王心学

1. 学派简述

宋明时期以陆九渊、王守仁为代表的唯心主义哲学流派。南宋时，陆九渊倡言心即理，针对朱熹等人的“理”在人心之外、“即物”才可“穷理”的理论，提出“发明本心”、“收其放心”的“简易”、“直捷”主张。他还同朱熹辩论过“无极”、“太极”等问题，成为与朱熹一派理学相持对立的一家，被称为“心学”。

这里还有一个著名的“鹅城之会”的故事。宋淳熙二年六月，朱熹曾与陆九渊在信州鹅湖寺相聚，就两学派之间的哲学分歧展开辩论。在认识论的问题上，朱熹强调“格物致知”，认为格物就是穷尽事物之理，致知就是推致其知以至其极。并认为，“致知格物只是一事”，是认识的两个方面。主张多读书，多观察事物，根据经验，加以分析、综合与归纳，然后得出结论。陆氏兄弟则从“心即理”出发，认为格物就是体认本心。主张“发明本心”，心明则万事万物的道理自然贯通，不必多读书，也不必忙于考察外界事物，去此心之蔽，就可以通晓事理，所以尊德性，养心神是最重要的，反对多做读书穷理之工夫，以为读书不是成为至贤的必由之路。会上，双方各执己见，互不相让。此次“鹅湖之会”，双方争议了三天，陆氏兄弟略占上风，但最终结果却是不欢而散。

由此可见，陆九渊与程朱理学不同，另有一套“明心见性”、“心即是理”的哲学观点，经明朝王阳明又发展为心学。陆九渊弟子很多，著名的有杨简、袁燮等人，杨简将“心即理”进一步发展成为“万物唯我”的唯我主义。宋代以后，由于程朱理学成为官方统治思想，陆学影响不如朱学大。

2. 王守仁及其主要思想

王守仁（1472—1529年），字伯安，别号阳明，生于明宪宗成化八年，汉族，浙江余姚人，因被贬贵州时曾于阳明洞（今贵阳市修文县）学习，世称阳明先生、王阳明是我国明代著名的文学家、哲学家、思想家、政

治家和军事家，是二程、朱、陆后的另一位大儒，“心学”流派的重要代表人物。

相传，守仁娠十四月而生。祖母梦神人自云中送儿下，因名云。五岁不能言，异人拊之，更名守仁，乃言。年十五，访客居庸、山海关，纵观山川形胜。弱冠举乡试，学大进。顾益好言兵，且善射。登弘治十二年进士。第二年，授刑部云南清吏司主事，后改兵部主事。弘治十八年，先生“专志授徒讲学”，和湛甘泉结交，“共以倡明圣学为事”。正德元年，一度被权宦刘瑾排挤，谪贵州龙场驿驿丞。历任江西吉安府庐陵县知县、南京太仆寺少卿及都察院左佥都御史，巡抚南赣，平定漳州詹师富、大帽山卢珂、大庾陈日龙、横水谢志珊、桶冈蓝天凤，浰头池仲容等匪徒暴乱。后因宦官许泰、张忠谗言，非但无功，反遭诬获咎，太监张永设法得以免祸，即称病居西湖净慈寺、九华山诸寺院。正德十六年初，始于南昌揭示“致良知”学说，终完成“心学”体系。六月升南京兵部尚书，九月归姚，会七十四弟子于龙泉山中山阁，指示“良知”之说。嘉靖六年，卒于江西南安青龙浦舟中，享年 56 岁，著有《王文成公全书》、《阳明全书》行世。

王守仁集心学之大成，在继承思孟学派的“尽心”、“良知”和陆九渊的“心即理”等学说的基础上，批判地吸收了朱熹那种超感性的先验范畴的“理”为本体学说，创立了王学，或称阳明心学。王守仁的心学体系，主要包括“心即理”、“知行合一”以及“致良知”三个命题。

（1）心即理

“心即理”是王守仁心学体系的基础。他对“心”的界说是：“身之主宰便是合，心之所发便是意，意之本体便是知，意之所在便是物。”（《传习录》）“耳目口鼻四肢，身也，非心安能视听言动？心欲视听言动，无耳目口鼻四肢亦不能。故无心则无身，无身则无心。但指其充塞处言之谓之身，指其主宰处言之谓之心，指心之发动处谓之意，指意之灵明处谓之知，指意之涉着处谓之物，只是一件。”（《传习录》）又说：“心不是一块血肉，凡知觉处便是心。如耳目之知视听，手足之知痛痒，此知觉便是心也。”（《传习录》）其说与程朱不同，心不只是一块血肉，而是身之主宰，是知觉（思维）的器官，是精神的实体。

至于心与理的关系，王守仁也与程朱不二样，不是析而为二，而是合而为一的。他说："夫求理于事事物物者，如求孝之理于其亲之谓也；求孝之理其于其亲，则孝之理果在于吾之心邪？抑果在于亲之身邪？假而果在于亲之身，则亲没之后，吾心遂无孝之理欤？见孺子之入井，必有恻隐之理。是恻隐之理果在于孺子之身欤？抑在于吾心之良知欤？其或不可以从之于井欤？其或可以手而援之欤？是皆所谓理也。是果在于孺子之身欤？抑果出于吾心之良知欤？以是例之，万事万物之理莫不皆然，是可以知析心与理为二之非矣。"（《传习录》）从"心即理"的命题出发，王守仁进一步论证了心外无理、心外无事。他说："气合即理也。天下又有心外之事，心外之理乎？""意在于事亲，即事亲便是一物，意在于事君，即事君便是一物，意在于仁民、爱物，即仁民、爱物便是一物，意在于视听言动，即视听言动便是一物。所以某说无心外之理，无心外之物。"（《传习录》）甚至说："人者，天地万物之心也，心者，天地万物之主也。心即天，言心则天地万物皆举之矣。"（《阳明全书·答季德明》）

王守仁的"心即理"说，发展了陆九渊的"宇宙便是吾心，吾心即是宇宙"的思想，使之更富于主观色彩。《传习录》载："先生游南镇，一友指岩中花树问曰：'天下无心外之物。如此花树，在深山中自开自落，于我心亦何相关？'先生曰：'你未看此花时，此花与汝心同归于寂；你来看此花时，则此花颜色一时明白起来，便知此花不在你的心外。'"这就把主观能动作用夸大到了荒谬的程度，用主观吞没了客观。不过，"心即理"的命题也有其合理的因素，它弥补了程朱"性即理"在理论上的疏漏；强调了人的主观能动作用；"无心则无身，无身则无心"，探讨了思维与感觉的关系，虽然他没有得出正确的结论，但仍然是有意义的；把全部问题放在身、心、意、知这种不能脱离血肉之躯的主体精神上，从而发展为王哉的"任心之自然"和王灵的"乐是心之本体"，乃是逻辑的必然。于是，王学的末流便逐渐成了理学的"异端"。

(2) 知行合一

王守仁的"知行合一"命题是针对当时的社会弊病而下的"药"。他说："今人却将知行分作两件去做，以为必先知了，然后能行，我如今且去讲习讨论做知的工夫，待知得真了，方去做行的工夫，故遂终身不行，亦遂终身不知。此不是小病痛，其来已非一日矣。某今说个知行合

一，正是对病的药，又不是某凿空杜撰，知行本体原是如此。”（《传习录》）由于世人把知行分作两件，所以不仅不在行上下工夫，而且对知也忽略了。王守仁说：“今人学何，只因知行分作两件，故有一念发动，虽是不善，然却未曾行，便不去禁止。我今说个‘知行合一’，正要人晓得一念发动处，便即是行了；发动处有不善，就将这不善的念克倒了，须要彻根彻底不使那一念不善潜伏在胸中。此是我立言宗旨。”（《传习录》）知与行是辩证的关系，将其割裂为二固然不对，但用知代替行，吞并行同样是错误的。不过，我们应当看到，王守仁极大地强调了主体实践的能动性；反对追求纯客观认识的知，反对脱离行的知，因而使得他的后学日益摒弃程朱“敬义挟持”的修养工夫，而对现实采取积极的干预态度。

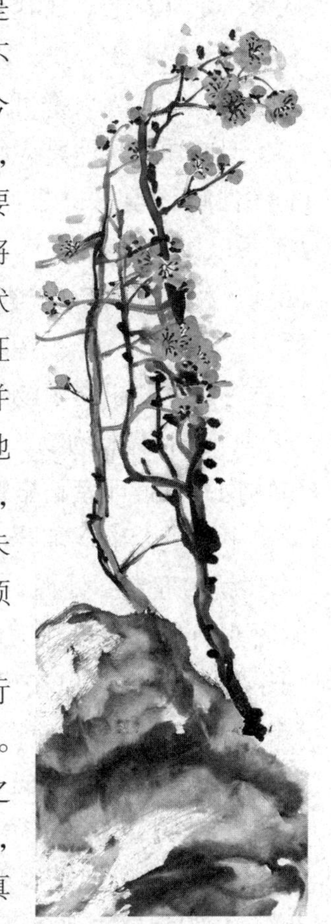

知、行本来是两个不同的概念，王守仁却用“知行本体原来如此”，实即“心之本体”把两者“合一”了。他说：“某尝说知是行的主意，行是知的工夫，知是行之始，行是知之成。若会得时，只说一个知已自有行在，只说一个行已自有知在。”（《传习录》）又说：“知之真切笃实处即是行，行之明觉精察处即是知，知行工夫本不可离，只为后世学者分作两截用功，失却知、行本体，故有合一并进之说，真知即所以为行，不行不足谓之知。”（《传习录》）他还举《大学》之“如好好色，如恶恶臭”来论证见好色时已自好了，闻恶臭时已自恶了，这就是知行的本体。

(3) 致良知

“致良知”是王守仁心学思想体系的核心。他说他生平讲学，只是“致良知，三字。良知之外，别无知矣。故‘致良知’是圣人教人第一义”（《传习录》）。“良知”就是“天理”，“致良知”就是克制私欲，恢复心体无善无恶之本来面目，即“存天理，去人欲”。

“良知”是人心所固有的善性，如见父自然知孝，见兄自然知弟，见孺子入井自然知恻隐，是不假外求的。而且，自古至今，无论圣愚，都是相同的。

认为“是非之心，不虑而知，不学而能”的“良知”是人心固有的，自然是唯心论先验论，但认为“良知”是无论圣愚皆同的，这就无异于否定了贤愚不肖的区别，承认人人都可成为圣人。这在当时是有十分重要意义的。

“良知”既然是人心固有的善性，则人人都应该是善的。但现实并非如此。王守仁解释说，这是由于除圣人之外，一般人容易受物欲之蔽所致。因此，“须学以去其昏蔽”，即须加一番“省察克治”、“致知格物”的工夫。这似乎又回到了程朱“居敬穷理”的老路，其实不然。王守仁反对程朱的“格物致知”，反对“即物穷理”，主张在心上用工夫。他说:“若鄙人所谓‘致知格物’者，致吾心之良知于事事物物也。吾心之良知，即所谓‘天理护也。’致吾心良知之‘天理’，于事事物物，则事事物物皆得其理矣。致吾心之良知者，致知也。事事物物皆得其理者，格物也。是合心与理而为一者也。”（《传习录》）他主张不论有事还是无事，都要一心在“天理”上用功，所以“居敬”就是“穷理”。他说:“就穷理专一处说，便谓之居敬，就居敬精密处说，便谓之穷理，却不是居敬时别有个心穷理，穷理时别有个心居敬。名虽不同，工夫只是一事。”（《传习录》）这种一心只在“天理”上用功的修养方法，王守仁认为是“真切简易”，“虽至愚下品，一提便省觉”的救世良方。他说:“世之君子唯务致其良知，则自能公是非，同好恶，视人犹己，视国犹家，而以天地万物为一体，求天下无治，不可得矣。”（《传习录》）刘宗周也认为，以“致良知”“救学者支离眩鹜、务华而绝根之病，可谓震霆启寐，烈耀破迷，自孔孟以来，未有若此之深切著明者也”（《明儒学案·师说》）。

王守仁是陆九渊以后影响最大的主观唯心主义哲学家。明代后期，王学大盛，出现了众多流派，其中以王艮为代表的泰州学派和李贽等人影响较大。泰州学派内部各人思想不尽相同，但有个共同的趋势，就是强调儒家的“圣”、“贤”是人人可成的，即便是“农工商贾”也可以成圣成贤，声称“人人天地性，个个圣贤心”。李贽还提出“是非无定质”，反对封建专制主义的思想禁锢。明亡之后，以阳明学大儒黄宗羲为代表的一些儒家学者对历史进行了反思，认为“为天下之大害者，君而已矣”。尽管王守仁的心学思想体系存在某些缺陷，但这并不影响他在中国儒学史和思想史上的地位，也决不会减弱他对当时以及后世的巨大影响。

五、儒学近代以来的发展及展望

清代儒学是中国传统儒学发展的重要历史阶段，它上起自“天崩地解”的明清之交，下至于帝制覆灭的辛亥革命。在其近三百年的历史演变过程中，清代儒学不仅形成了独具特色的学术思想特点，而且推动了中国古代传统儒学的更新递进。这一时期儒学发展独具特色的是，以黄宗羲、顾炎武、王夫之等为代表的早期启蒙思想。

自第一次鸦片战争以后，由于外国资本主义的刺激，中国社会开始向近代转化。随着中国封建制度的开始解体，儒学也走向了衰落。然而，传统儒学能否向近代转化？此时，康有为力图使儒学完成近代化的历史性转变，并且希望按照西方基督教的模式变儒学为宗教。戊戌变法失败后，康有为并未因此放弃儒学宗教化的努力，直至民国初年，他还发起成立孔教会，并要求国会定孔教为国教，而这一切又随着帝制复辟失败而告终。

20 世纪 20 年代以后，由于清王朝已被推翻，封建专制政治制度从名义上讲也不复存在。因此，除了一小部分当权者继续企图把儒学与社会政治制度联系在一起外，更多的人则是把儒学作为传统思想文化遗产，做学理方面的研究。这些人所关心的是，在西方文化冲击下如何汇通儒学与西方文化，如何继承和发扬儒学的优秀传统，以保持民族的自主精神等问题。这时涌现出了一批关心儒学命运和前途的学者，如梁漱溟、熊十力、马一浮、钱穆、冯友兰、贺麟等，他们都在汇通中西方文化的前提下，来解释儒学，发展儒学，乃至建立起某种新的儒学体系。而他们的共同愿望，也可以说都包含通过对儒学的现代阐释，发扬民族传统文化，使其在当代人的思想道德修养和民族主体意识的确立方面，发挥积极的作用。贺麟在 40 年代一篇题为《儒家思想的新开展》的文章中，提出了“建设新儒家”和“儒家思想新开展”的口号，并且认为：“一如印度文化的输入，在历史上曾展开了一个新儒家运动一样，西洋文化的输入，无疑亦将大大地促进儒家思想的新开展。西洋文化的输入，给了儒家思想一个考验，

一个生死存亡的大考验、大关头。假如儒家思想能够把握、吸收、融会、转化西洋文化，以充实自身、发展自身，儒家思想则生存、复活而有新的发展。”（《文化与人生》）这是说，传统儒学只要善于把握、吸收、融会、转化西方文化中的精华，是可以得到新发展的。事实上，这一时期发展起来的新儒学体系，大都具有这方面的特点。如冯友兰的“新理学”体系，就是在吸收、融会近代新实在论理论和逻辑方法等基础上对宋明程朱理学的发展。贺麟的“新心学”体系，则是在吸收、融会近代西方新黑格尔主义基础上对宋明陆王心学的发展。至于熊十力，从《新唯识论》文言本、白话本，一直到《原儒》、《乾坤衍》，他所构筑的哲学体系，似应当称之为“新易学”体系最为恰当。他在这个体系中，不仅汇通了中国传统文化中的儒、释、道、玄的思想、方法，而且也广采博纳近代西方新康德主义、柏格森主义等理论内容，对于以“易”为中心的儒学理论做出了积极的发展。

从 20 年代至 40 年代末（乃至 50 年代初），是现代新儒学发展活跃、丰富、有理论深度和价值的时期。他们所取得的成就和尚存在的问题，都值得我们认真地加以研究和总结。现代儒学发展的理论深度和体系影响很值得研究。

儒学作为中国两千余年来流传不息的文化主体之一，具有丰富和深邃的思想理论，而且对东亚各国有着广泛的影响，甚至也是东亚一些国家，如朝鲜、韩国、日本、越南等国历史文化中的一个重要组成部分。它必将随着中国和东亚地区的振兴，越来越被这一地区的国家和人民所自觉重视。同时，儒学作为东方文化的主要代表之一，它与西方文化的互补性，也正在越来越为世界有识之士所瞩目。作为官方意识形态的儒学，早已随着清王朝的灭亡而不复存在了。

但是，儒学作为一个学派肯定还将存在下去。古老的儒学能否转变为适应现代社会生活的新的思想学说，又如何实现转变和复兴，这不仅需要时间，更有待于后儒的探索和创造。

老子与道家学派

老子的著作、思想早已成为世界历史文化遗产的宝贵财富。德国哲学家黑格尔、尼采，俄罗斯大作家托尔斯泰等世界著名学者对《道德经》都有深入的研究，并都有专著或专论问世。

黑格尔说："中国哲学中另有一个特异的宗派……是以思辨作为它的特性。这派的主要概念是'道'，这就是理性。这派哲学及与哲学密切联系的生活方式的发挥者是老子。"

一、道家概说

道家又称“道德家”。道家学派起始于春秋末期的老子，但先秦时期并没有“道家”这一名称，只有“老子之学”与“庄子之学”的名称。用“道”一词来概括由老子开创的这一学派是由汉初开始，这时，道家也被称为“德家”。老子曾做过周的史官，因此，《汉书·艺文志》云：“道家者流，盖出于史官，历记成败存亡祸福古今之道，然后知秉要执本，清虚以自守，卑弱以自持，此君人南面之术也。”

在先秦百家争鸣中，道家虽没有众多徒属和显学地位，但他们对宇宙和社会、人生的独特领悟，其他各家都难以企及。因此道家才能呈现出永恒的价值与生命力。西汉太史令司马谈在《论六家要旨》中评“道家使人精神专一，动合无形，赡足万物。其为术也，因阴阳之大顺，采儒墨之善，撮名法之要，与时迁移，应物变化，立俗施事，无所不宜，指约而易采，事少而功多”，“其术以虚无为本，以因循为用。无成埶，无常形，故能究万物之情。不为物先，不为物后，故能为万物主”。

道家学派以老子关于“道”的学说作为理论基础，直接从天道运行的原理侧面切入，以“道”说明宇宙万物的本质、本源、构成和变化，也是统治宇宙中一切运动的法则。“道”本来是无名无形的，老子说：“有物混成，先天地生。寂兮寥兮，独立而不改，周行而不殆，可以为天地母。吾不知其名，强字之曰道，强为之名曰大。”道家认为天道无为，万物自然化生，否认上帝鬼神主宰一切，主张道法自然，顺其自然，提倡清静无为，由此衍化出“人天合一”、“人天相应”、“为而不争、利而不害”、“修之于身，其德乃真”、“乘天地之正，而御六气之辩，以游无穷”等思想。

道家政治理想是“小国寡民”、“无为而治”，要求君主舍弃自己的意志欲望，听任百姓做自己想做的事情，使百姓处于自然状态。道家体系中，无为与自然是关系密切的概念，无为是对道或君主的要求，自然指道或君主无为下万物

或百姓的自主状态。君主无为，百姓生活就自然。

道家重视人性的自由，提出了“谦”、“弱”、“柔”、“心斋”、“坐忘”、“化蝶”等生活方式来面对世界，主张“齐物”、“逍遥”，对万物的态度是“无所待”。庄子在《逍遥游》中，认为天地万物都是“有所待”的，大至鲲鹏，小至蜩鸠，都需要凭借一定的外部条件才能活动。而人生乃至万物的最高境界是“无所待”，这样才是真正的“逍遥游”。

自老子创始以后，道家学派又分化出不同派别，著名的有庄子学派、杨朱学派、宋尹学派和黄老学派四大派，代表人物有关尹、庄周、列御寇、杨朱、彭蒙、田骈等。道家的著作，东汉班固在《汉书·艺文志》中共列出37种，993篇，除《道德经》（又名《老子》）、《庄子》之外，还有《管子》中的《心术》上、《心术》下、《白心》、《内业》诸篇，汉初的《淮南子》、晋人的《列子》以及1973年长沙马王堆出土的《经法》、《道原》、《称》、《十六经》等。

道家及其思想在中国传统文化中的地位仅次于儒家，影响深远。西汉初年，汉文帝、景帝以道家思想治国，而有“文景之治”。汉武帝“罢黜百家，独尊儒术”后，道家从此成为非主流思想，但对统治者、知识分子和下层社会的影响却经久不衰，许多有作为的皇帝，如唐玄宗、宋徽宗、朱元璋、康熙都曾专门给《道德经》作注，而以董仲舒为代表的汉儒及以周敦颐、朱熹等为代表的宋儒在构造宇宙论或本体论体系时，都明显吸取道家思想。

此外，道家以其独特的宇宙、社会和人生领悟，在哲学史上影响深远，魏晋玄学、宋明理学都是糅合了道家思想发展而成。佛教传入中国后，也受到了道家的影响，禅宗在诸多方面受到了庄子思想的启发。道家思想更为道教所吸收，道教尊老子为太上老君，奉《道德经》为道教的基本经典，奉《庄子》为《南华真经》，并且用老庄的哲学来论证道教的神仙学，建立了道教的宗教哲学体系。道家思想中，“清静无为”、“返璞归真”、“顺应自然”、“贵柔”等主张，对中医养生保健也有很大影响和促进。总之，道家对中国政治、宗教、医学、文学、哲学和美学等，均产生了广泛而深远的影响。直到今天，人们还不断从中汲取营养。

二、道家代表人物

（一）老子

老子（约公元前 604 年—约公元前 531 年），古代伟大的哲学家和思想家，道家学派创始人。老子的哲学思想及其创立的道家学派，不但对中国古代思想文化的发展作出了重要贡献，而且对中国两千多年来思想文化的发展产生了深远的影响。

关于老子到底是谁，历来说法不一。一说姓李名耳，字聃，生活在春秋时期，曾在东周国都洛邑（今河南洛阳）任守藏史（相当于国家图书馆馆长）。他博学多才，孔子周游列国时曾到洛阳向老子问礼，秦汉之际成书的《礼记·曾子问》有所记载。《庄子》也称其为老聃，书中的内篇《德充符》、外篇《天地》、《天运》、《田子方》、《知北游》等都视老子为前辈。

一说老子即太史儋，或老莱子，见之于《史记·老子韩非列传》。据《史记·仲尼弟子列传》解释，“于周则老子”，“于楚老莱子”，可见老子和老莱子是两人。至于太史儋，司马迁说：自老子死后一百二十九年，有周太史儋见秦献公云云。有学者以此认为老子就是太史儋，战国时人。

也有人认为可能“老”是老子的姓或氏，其名为聃，故称老聃。他们提出，先秦旧籍如《庄子》、《墨子》等，对孔、墨等人皆举其姓，称“孔子”、“墨子”，独老子称“老聃”而不称“李聃”，称“老子”而不称“李子”；古有老姓而无李姓，《战国策》中始有李悝、李牧，李姓起源较晚；再者，《庄子·天下》曾综述关于老聃的学说，《吕氏春秋·不二》也称“老聃贵柔”，名字与思想一致，故老聃就是老子。但是《老子》书中说：“夫礼者，忠信之薄，而乱之首。”与传说中孔子问礼于老聃有矛盾，因而《老子》书是否为老聃所作也有

疑问。

据《史记》记载，老子庙堂阶前有一尊“三缄其口”的金人，孔子问其背后的铭文“无多言，多言多败；无多事，多事多虑”是何意？老子回答：“子所言者，其人与骨皆已朽矣，独其言在耳。且君子得其时则驾，不得其时则蓬累而行。吾闻之，良贾深藏若虚，君子盛德，容貌若愚。去子之骄气与多欲、态色与淫志，是皆无益于子之身。吾所以告子，若是斋已。”老子晚年乘青牛西去，并在函谷关（今河南灵宝）前写成了五千言的《道德经》，最后不知所终。

老子用“道”解释宇宙万物的演变，认为“道生一，一生二，二生三，三生万物”，把“道”抽象化，概括为普遍的无所不包的最高哲学概念。在他看来，“道”既是凌驾于天之上的天地万物的本原，又是自然客观规律，具有“独立不改，周行而不殆”的永恒意义。老子还提出“人法地，地法天，天法道，道法自然”的思想，摒除“利天命”的绝对权威。在政治上，老子主张无为而治，无为是指不妄为，不胡作非为，不为所欲为，以达到“邻国相望，鸡犬之声相闻，民至老死不相往来”的理想境界。老子的哲学里包含着丰富的辩证法思想，他指出任何事物都有矛盾对立的两个方面，如“正复为奇，善复为妖”，“祸兮福之所倚，福兮祸之所伏”，还认为矛盾两方可以互相转化，即“反者道之动”，转化的途径是“守静”。

孔子认为老子是神圣：“鸟，吾知其能飞；鱼，吾知其能游；兽，吾知其能走。走者可以为网，游者可以为纶，飞者可以为缯。至于龙，吾不能知，其乘风云而上天。吾今日见老子，其犹龙邪！”（《史记·老子韩非列传》）

（二）杨朱

1. 生平

杨朱，字子居，又称阳子居或阳生，魏国（今河南开封）人，春秋战国时期思想家。生平已不可考，大概生活在墨子（约公元前 479 年—约公元前 381

年）与孟子（约公元前 371 年—约公元前 289 年）之间，行踪多在鲁、宋、梁一带。在当时各家的著述如《孟子》、《荀子》、《庄子》、《韩非子》、《吕氏春秋》中，其名多次出现，可见其人其说在当时相当著名。杨朱自比尧舜，自称是“得治大者不治小，成大功者不小苛”的贤人，“治天下如运诸掌然”。韩非评价杨朱与墨翟一样有治世之才。

杨朱曾和老子会面，所以曾受老子思想的影响，后来有感于动乱的环境，困恼于越来越大的社会压力，于是扬弃老子学说中的部分内容，朝着“养生”、“存性”的方向不断深化，发展成以“为我”为中心的思想体系。杨朱之学闻名当时，《孟子·滕文公》篇云：“杨朱、墨翟之言盈天下，天下之言，不归于杨，即归墨。”可知春秋之世，杨朱之学与墨学齐驱，并属显学。惜其作品早已散佚不存，其学说散见于《孟子》、《列子》及《淮南子》中。

2. 思想

（1）“为我”学说

杨朱以“我”作为自然的中心，认为人的生命，往往由于外界的蒙蔽、组织所拘束，因而无法明察到生命的真相，使个人失去主体性。他希望建立人人为自己而又不侵犯别人的社会，主张探求内在自我安身立命的境界，以摆脱社会的束缚。他说：“古之人损一毫利天下，不与也；悉天下奉一身，不取也。人人不损一毫，人人不利天下，天下治矣。”意思是说，社会是由各个“我”所组成，如果人我不相损、不相侵、不相给，那么天下便无窃位夺权之人，便无化公为私之辈，这样社会就能太平，人才能“全生（性）保真”。这种主张与儒家、法家都不同，与墨家的“兼爱”当然更是针锋相对。

既然反对社会的束缚，杨朱在政治上也就反对强权独占的霸道，主张天下为公，要“公天下之身，公天下之物”。那么，治理这个社会的人要“贤”，要有谦虚的美德，“行贤而去自贤之心”，即行为贤德而不自以为贤德。

（2）“重生”、“贵生”、“全生”的主张

在生命态度上，杨朱认为，人生短促，有生便有死，生有贤愚、贫贱之异，而所同者为死，

尧舜与桀纣没有什么不同。因此，“知生之暂来，知死之暂往”，在生时必须享尽人生之乐，充分放纵人欲。

杨朱认为，人生在世，要“轻物重生”，从而“乐生”，以“存我为贵”。其中，轻物，即轻视外在的功名利禄；重生，即全性保真，保持自然赋予人本身的真性。生命是“所为”者，是主体；“物”或“利”是“所以为”者，是服务于“生”的，因而“物”不应有损于“生”。所以，要“自纵一时，勿失当年之乐；纵心而动，不违自然所好；纵心而游，不逆万物所好；勿矜一时之毁誉，不要死后之余荣”。杨朱固然以“全生”为人生目的，对人的物质欲望作了充分的肯定，但是“全生之道”又不能聚物而累形，为“寿”、“名”、“位”、“货”所累，只要有“丰屋美服，厚味娇色”就够了。人不要贪得无厌，更不要因外物而伤生。“重生”、“贵生”的思想，除了重视个人生命之外，还包括重视个人独立性的思想，即反对屈从外在的权威，只想明哲自保、颐养天年。杨朱充分肯定了个人情欲的自然合理性，但不是享乐主义和纵欲主义，而是在“轻物重生”的范围内。这一轻视富贵利禄的思想在当时不乏赞誉之词，当时的“世主”曾“贵其智而高其行”。

（三）列子

1. 生平及著作

列子，名寇，又名御寇（又称“圄寇”、“国寇”），郑国莆田（今河南郑州）人，与郑缪公同时。战国前期思想家，开道家列子学派。列子曾师从关尹子、壶丘子、老商氏、支伯高子等。他隐居郑国四十年，终生致力于道德学问，淡泊名利，贵虚尚玄，清静修道，主张循名责实，无为而治。唐玄宗天宝元年(742 年）李隆基封列子为冲虚真人。

《汉书·艺文志》著录《列子》八篇，即《天瑞》、《仲尼》、《汤问》、《杨朱》、《说符》、《黄帝》、《周穆王》、《力命》，经永嘉之乱以后，只留存《杨朱》、《说符》两篇。今传本《列子》八篇由东晋张湛的先人重新搜集残篇

编成，其中章节有重复之处，而且混入一些魏晋人的思想内容和语言文字。如《天瑞》篇讲天地万物形成的一章，文字全与《易纬·干凿度》相同；《周穆王》篇所载周穆王西游的经历，文字全与西晋汲冢出土的《穆天子传》相同。但是，今传本《列子》并非出后人伪作，如《杨朱》篇为杨朱主要学说一样。杨朱讲到“田氏之相齐也”，“民皆归之，因有齐国，子孙享之至今不绝”，足见确是战国时作品。《列子》有大量寓言、民间故事、神话传说等，如黄帝神游、愚公移山、夸父追日、杞人忧天等，篇篇珠玉，读来妙趣横生，隽永味长，发人深思。

2. 思想

西汉刘向认为，列子之学“本于黄帝老子，号曰道家。道家者，秉要执本，清虚无为，及其治身接物，务崇不竞，合于六经。” 张湛认为《列子》之书“大略明群有以至虚为宗，万品以终灭为验，神惠以凝寂常全，想念以着物为表，生觉与化梦等情。巨细不限一域，穷达无假智力，治身贵于肆仕，顺性则所至皆适，水火可蹈。忘怀则无幽不照，此其旨也。”

“贵虚”是列子的中心思想。《天瑞》篇解释“贵虚”就是“静也虚也，得其居矣”，即要自己修养到忘记自身的形骸，好像已经驾空乘风而行，列子把这样的境界叫做“履虚乘风”。列子认为，虚静符合自然的本性，可以心意凝聚专一，达到物我两忘的精神境界与状态。这为庄子的“坐忘”、“心斋”学说开了先河。

列子认为，道是生化万物的，但它自己却不生不化。在产生天地万物之前，宇宙已经经历了太易、太初、太始、太素四个阶段，“夫有形者生于无形，则天地安从生？故曰：有太易，有太初，有太始，有太素。太易者，未见气也；太初者，气之始也；太始者，形之始也；太素者，质之始也”。“太易”相当于老子所说的“道”，“太初”相当于老子所说的“道生一”中的“一”，“太始”为形之始，“太素”为质之始，此时“气形质具而未相离，故曰浑沦。浑沦者，言万物相浑沦而未相离也。……清轻者上为天，浊重者下为地，冲和气者为人；故天地含精，万物化生”。这种宇宙生成论，发展了老

子的思想。

（四）庄子

庄子（约公元前 369 年—公元前 286 年），名周，字子休（一说子沐），战国时代宋国蒙（今安徽蒙城，另一说河南商丘）人，著名思想家、哲学家、文学家，老子哲学思想的继承者和发展者，道家学派的代表人物，与老子并称为“老庄”。庄周身世如迷，据说出身于没落贵族家庭。《庄子》记载，庄子住在贫民区，生活穷苦，靠打草鞋过活。他把自己比作落在荆棘丛中的猿猴，处势不便，未足以逞其能。《史记》记载，庄子曾做过宋国漆园吏，后来厌恶官职，“终身不仕”，《史记》上说：“楚威王闻庄周贤，使使厚币迎之，许以为相。庄周笑谓楚使者曰：子亟去！无污我。……我欲游戏污渎之中自快，无为有国者所羁，终身不仕，以快吾志焉。”

庄子继承并发扬了老子的道家思想。他认为“道”是“虚无”的实体，生成天地与万物。《庄子》载：“夫道，有情有信，无为无形；可传而不可受，可得而不可见，自本自根，未有天地，自古以固存，神鬼神帝，生天生地。”又说：“道不可闻，闻而非也；道不可见，见而非也；道不要言，言而非也。知形形之不形乎，道不当名。”庄子认为，大道的真髓、精华可用以修身，其余都可用以治理国家，其糟粕可用以教化天下，即“道之真以修身，其绪余以为国家，其土苴以为天下”（《庄子·让王篇》）。在政治上，庄子继承了老子《道德经》中“人法地，地法天，天法道，道法自然”的精髓，主张无为而治。为此，他对世俗社会的礼、法、权、势进行了尖锐的批判，得出“圣人不死，大盗不止”，“窃钩者诛，窃国者为诸侯”的精辟见解。在人类生存方式上，庄子看透了世俗不古的人心，崇尚自然，倡导“无为”，敝屣富贵，淡泊名利。庄子追求清静无为，返璞归真，一切顺应自然，安时而处顺，追求遗世独立，超然物外，放弃生活中的一切争斗，游心于物外，不为世俗所累，从而达到一种“天地与我并生，万物与我为一”的逍遥境界。

庄子的一生，正如他所言：“不刻意而高，无仁义而修；无功名而治，无

江海而闲；不道引而寿，无不忘也，无不有也；其生也天行，其死也物化；静而与阴同德，动而与阳同波；不为福先，不为祸始；其生若浮，其死若休，淡然独与神明居。庄子者，古之博大真人哉！”作为富有诗人气质的哲学家，庄子在我国思想史、文学史上都具有极重要的地位，为人类思想史留下了一笔宝贵的精神财富。后世道教继承道家学说，庄子被神化而奉为神灵，唐玄宗天宝元年被封为“南华真人”，宋徽宗时被封为“微妙元通真君”。

三、道家代表著作

（一）《道德经》

1. 简介

《道德经》，又称《道德真经》、《老子》、《五千言》、《老子五千文》，传说是老子所撰写。这是道家思想的重要来源，是一部用诗化语言阐述中国哲学的巨著，是中国传统文化的优秀代表。《道德经》文约意丰、博大精深、玄奥无极、包容万物，涵盖哲学、伦理学、政治学、军事学等诸多学科，但皆有一条主线贯通其中，这就是自然无为的法则。

《道德经》分上下两篇，原文上篇《德经》、下篇《道经》，不分章，后改为《道经》在前，《德经》在后，共分为八十一章。《道经》讲述了宇宙的根本，道出了天地万物变化的玄机。《德经》说的是处世方略。《道德经》之学旨在于从天人合一之立场出发，穷究作为天地万物本源及宇宙最高理则之“道”，以之为宗极，而发明修身治政等人道。所谓“人法地，地法天，天法道，道法自然”，人道当取法于地，究源及道所本之自然，因而人们应自然无为听天由命，当“处无为之事，行不言之教”，还刀兵，离争斗，不尚贤，不贵难得之货，不见可欲，使民虚心实腹，无知无欲，如此，则无为而治。《庄子·天下篇》总结《道德经》思想时说：“以本为精，以物为粗，以有积为不足，澹然独居神明居。……建之以常无有，主之以太一，以濡弱谦下为表，以空虚不毁万物为实。”从“道”的哲学观出发，老子面对春秋末年诸侯纷争的社会状况，提出了绝圣弃智、绝仁弃义、绝巧弃利、忘情寡欲、绝学无忧、见素抱朴、无为而治、小国寡民等极端的政治主张。

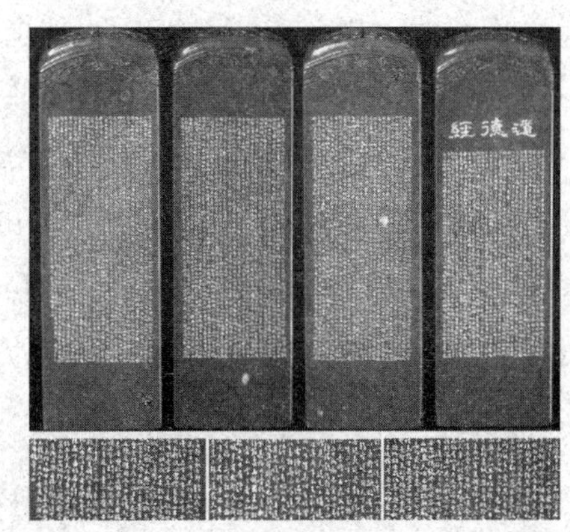

《道德经》不仅是一部哲学经典，而且文字简洁、辙韵强劲，因此还被称作是一种特殊形式的哲理诗。它在先秦诸子散文中独

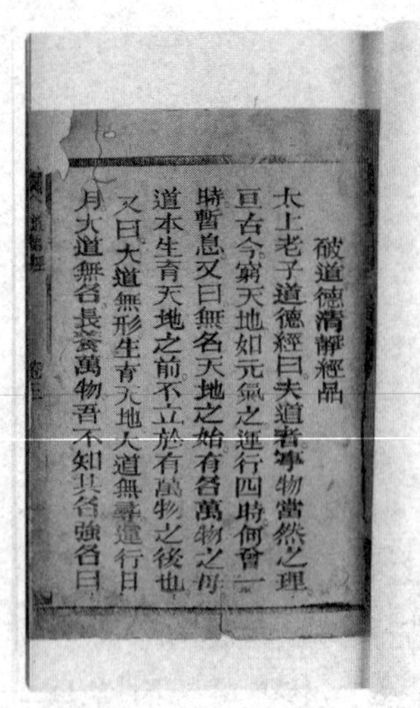

破道德清靜經品

太上老子道德經曰夫道者事物當然之理亘古今窮天地如元氣之運行四時何曾一時暫息又曰無名天地之始有名萬物之母道本生育天地之前不立於有萬物之後也又曰大道無形生育天地大道無情運行日月大道無名長養萬物吾不知其名強名曰

具一格，只述论点，略去论据，适当采用整齐的句式说理；语句凝练，精警深邃，三言两语就能揭示事物的本质和规律，具有格言的特性，警句广为流传；善于运用生动形象的比喻来阐明抽象的哲理，同时善于对复杂的事物作抽象的概括；韵散结合，某些章节全用韵语，大多随文成韵，音调和谐，富于节奏感，呈现为形式精美的哲理诗；提出“大音希声”、“大象无形”、“信言不美”、“美言不信”等看法，在辩证中给人更多的思考余地，对后世玄学和文学有一定的影响。

《道德经》被誉为“万经之王”，以其博大精深的思想和人文精神对中国古老的哲学、科学、政治、宗教等，产生了深刻的影响。早在 16 世纪，它就被西方人译成西方文字，17 世纪以后，借助西方的商船往返，顺着西方传教士的足迹，逐步由中国传入欧洲。《道德经》已成为世界历史文化遗产的宝贵财富，越来越多的西方学者不遗余力地探求其中的奥秘，德国、法国、英国、美国、日本等发达国家相继兴起了“老子热”。《道德经》的西文译本总数近 500 种，在译成外国文字的世界文化名著发行量上，《道德经》仅在《圣经》之后。

2. 思想

（1）尊道贵德的哲学观

老子思想体系的核心是“道”。老子认为，道是“万物之宗”，是宇宙的本源，天下万物都来自道，“道生一，一生二，二生三，三生万物，万物负阴而抱阳，冲气以为和。”“一”是指原始混沌之气；“二”是指“万物负阴而抱阳”的阴阳两气；“三”是指阴阳两气经过相互冲动而形成统一，即“冲气以为和”，“万物”就是由于这样“冲气以为和”而产生的。道是世界的本原和规律，是一个自然的、独立的、不可名状的存在，世界万物从道产生，最后又回复到道，道本身则是永恒的。同时，道是“生而不有，为而不恃，长而不宰”的，就是说，道生长万物而不据为己有，有所作为而不居功自恃，有所成长而无意做主宰。

作为世界本原的道，既不是有形的物质，也不是无形的精神，而是超越物

质和精神的独立存在。“天下万物生于有，有生于无。”在这里生于无，即生于道，道就是无，二者都是虚无的本体或精神的实体。道是恍忽不定，深邃幽远不可捉摸的。“道之为物，惟恍惟忽。忽兮恍兮，其中有象；恍兮忽兮，其中有物。窈兮冥兮，其中有精，其精甚真，其中有信。”又：“无状之状，无象之象，是谓惚恍”。道体是虚空的，然而作用却不穷竭。它渊深好像是万物的宗主，幽隐似亡而又实存，即“道冲，而用之或不盈。渊兮，似万物之宗；湛兮，似或存。吾不知谁之子，象帝之先”。

在恍惚状态下，“道隐无名”，老子“不知其名，字之曰道，强为之名曰大”。道是不可言说的，但是我们还是希望对于道有所言说，只好勉强称之为道，其实道根本不是名。这就是说，“道可道，非常道；名可名，非常名。无名天地之始，有名万物之母”。可以用言语表达的道，就不是常道；可以说得出来的名，就不是常名。因为天有天之名，地有地之名，每一类事物有此类之名。有了天、地和万物，接着就有天、地和万物之名，这就是“始制有名”。但是道是无名，同时一切有名都是由无名而来，所以，“无名天地之始，有名万物之母”。万物都是由道而生，万物恒有，所以道永远不去，道的名也永远不去，即“自古及今，其名不去，以阅众甫”。

老子认为，道生万物，同时又用德来抚育万物。他提出：“道生之，德畜之，物形之，势成之。是以万物莫不尊道而贵德。道之尊，德之贵，夫莫之命而常自然。故道生之，德畜之。长之育之。亭之毒之。养之覆之。生而不有，为而不恃，长而不宰。是谓玄德。”这就是说，万物由道生，道又存在于万物之中，成为万物各自的属性——“德”。万物各有属性，形成各自形体，并凭借环境而生长成熟。因此，“万物莫不尊道而贵德”。然而道之所以被尊崇，德之所以被重视，就在于“道德”从不命令或支配万物，一切纯任自然、顺其自然。因此，也从不将生长万物或据为己有，或自以为尽力，便对它们宰制，即“上德不德，是以有德。下德不失德，是以无德。上德无为而无以为；下德无为而有以为”。

老子认为，“损不足以奉有余”的“人之道”是不公平的，“天之道，其犹张弓欤？高者抑之，下者举之。有余者损之，不足者补之。天之道，损有余而补不足。

人之道，则不然，损不足以奉有余。孰能有余以奉天下？唯有道者。”因此，老子希望用其推崇的“道德”代替“人之道”，听任百姓自作自息，不加干涉，遵循天道自然的规律。

此外，老子主张，要尽量使心灵的虚寂达到极点，使生活清静坚守不变，即“致虚极，守静笃”，这是达到道的途径。“致虚”必“守静”，因为“虚”是本体，而“静”则在于运用。“虚”和“静”都是形容人的心境空明宁静的状态，为避免外界的干扰、诱惑，必须注意“致虚”和“守静”，以期恢复心灵的清静。老子又说：“归根曰静，静曰复命。”意思是说，返回到它的本根就叫做清静，清静就叫做复归于生命，老子希望回归到一切存在的根源，这里是完全虚静的状态，这是一切存在的本性。同时，老子提倡宽容待物，“知常容，容乃公，公乃全，全乃天，天乃道，道乃久，没身不殆”。这就是说，认识自然规律的人是无所不包的，无所不包就会坦然大公正，坦然大公正就能周全，周全才能符合自然的道，符合自然的道才能长久，终身可免于危殆。

(2) 以柔克刚的辩证法

《道德经》包含着朴素的辩证法思想，认为一切事物，如美和丑、高和下、刚和柔、福和祸等，都是互相依存，可以互相转化的，体现着一种很强的“变”的精神。老子的辩证法思想是系统而丰富的，但老子比较侧重于“柔”和“阴”的一面，这对我国民族心理有较大的影响。

老子认为，事物之间普遍存在对立的矛盾，比较系统地揭示出事物的存在是相互依存的，例如：“有无相生，难易相成，长短相形，高下相倾，音声相和，前后相随。”这种对立的范畴，在《道德经》中处处可见，例如：

大小、多少、高下、远近、厚薄、轻重、静噪、生死、荣辱、强弱、利害、祸福、愚智、吉凶、黑白、寒热、光尘、壮老、实华、正反、同异、美丑、善恶、雌雄、母子、兴废、进退、是非、辩讷、难易、公私、真伪、贵贱、怨德、贫富……

这些对立的范畴，已经广泛涉及到政治、经济、军事、道德、美学、数学、天文、生物、语言等方面，说明了矛盾的普遍性。

同时，老子又认识到，各种事物在矛盾中经常向它的反面运动转化，这是变化的自然规律，所以他说："反者道之动。"如："曲则全，枉则正；洼则盈，敝则新；少则得，多则惑。"又如："大直若屈，大巧若拙，大辩若讷。"还如："轻诺必寡信，多易必多难。"再如为人熟知的"祸兮福之所倚，福兮祸之所伏。孰知其极？其无正邪？正复为奇，善复为妖"，等等。对于转化的条件，老子也作了一定的探讨。他说："持而盈之，不如其已；揣而锐之，不可长保；金玉满堂，莫之能守；富贵而骄，自遗其咎；功遂身退，天之道。"这里所说的"盈"、"锐"、"满"、"骄"、"遂"，就是导致转化的条件。

然而，老子把事物的运动变化看作不是上升前进的，而是循环反复的过程。他把柔弱的、虚静的一面看做根本的一面，表现出贵柔尚弱的特色。老子认为，"弱者道之用"，原来刚强的到了饱和点就会转向衰弱，归于失败；而原来柔弱的可以坚持斗争，逐渐增强，反而能够取得胜利。他说："天下之至柔，驰骋乎天下之至坚。"又说："强梁者不得其死。"还说："静胜躁，寒胜热。清静为天下正。"由此，老子提出"以柔克刚"、"以弱胜强"的指导思想。

《吕氏春秋》说："老聃贵柔。"老子认为天下没有比水更柔弱的东西，但攻坚的力量莫过于它，"天下莫柔弱于水。而攻坚强者，莫之能先，以其无以易之。弱之胜强，柔之胜刚，天下莫不知，而莫之能行"。老子观察到，无论人类还是草木，在初生时都是柔弱幼嫩的，具有旺盛的生命力；刚强枯槁了反而会走向死亡，即"人之生也柔弱，其死也刚强；万物草木之生也柔弱，其死也枯槁"。由此，老子得出，"坚强者死之徒，柔弱者生之徒。是以兵强则不胜，木强则拱。故坚强处下，柔弱处上"。老子认为，这些现象说明，柔弱是新生事物的标志，柔弱的东西是不可战胜的，刚强的东西面临的却是死亡。因此老子主张，人生在世应该守柔处弱，避用刚强，柔弱无争，"复归于朴"，这才符合大道的德性，也是一条走向成功的道路。老子指出，要做到"柔弱胜刚强"，必须注意不与强大的敌人做斗争，而应用"以柔克刚"、迂回曲折的办法去争取胜利，"将欲弱之，必固强之；将欲废之，必固兴之；将欲夺之，必固与之"。这种欲收故放、欲弱故强、欲废故兴、欲取故与的策略称为"微明"（微妙而明智），可以助长敌人的骄气，

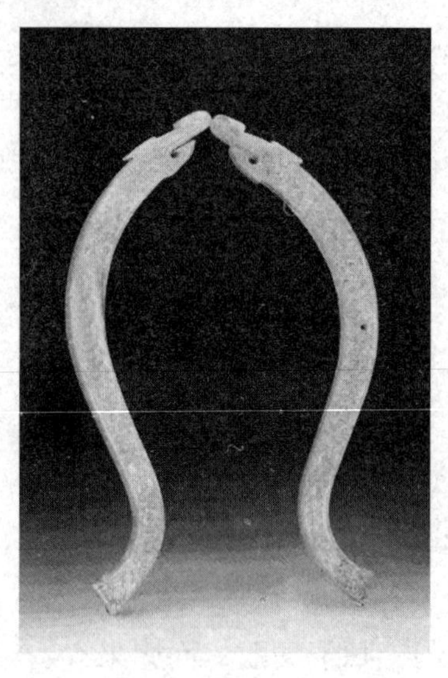

从而加速敌人由盛而衰的转化。

具体到个人，老子认为，谦虚退让是人们应该注意的一种明哲保身之术。他说：“功遂身退，天之道”，“圣人为而不持，功成而不处，其不欲见贤。”意思是说，事业成功了，不居功自傲，不借此去追名逐利，而要抽身隐退。只有不求其功，才能功不可没；如若追名逐利，反而会引火烧身。这是一条自然规律，是天之大道。由此可知，老子所说的柔弱并不是懦弱和消极，而是一种居后不争的智慧与生活态度。老子说：“圣人后其身而身先，外其身而身存。非以其无私耶，故能成其私。”意思是说，圣人以居后不争的态度处世，反而可以处在前列；不大考虑自己的利益，反而可以获得利益。这是一种辩证的智慧，是通过无而实现有，通过表面的否定达到事实上的肯定。

(3) 自然无为的政治观

儒家重礼乐，道家贵自然。自然无为是老子哲学中最重要的观念，其中包含着自然与无为两层内容。自然是一种观念、态度和价值，也是一种状态和效果；无为则是一种行为，是实现自然的手段和方法。

老子把“道法自然”的哲学观运用于天道观上，提出了“天道自然”的观念，认为天地的运行是自然而然，不假外力的；他又将其运用于人生论上，认为人也和万物一样是自然的，因此，人生也须消除外在的干涉，使其自然化育，自然发展，自然完成。老子说：“人法地，地法天，天法道，道法自然。”道按照一定的自然法则和规律运行，也就是说，道的本性是自然的，离开了自然，也就不成其为道。既然“道法自然”，那么，法“道”的天、地、人，也就必然应以自然为理法，并且其本性也同道一样，是自然的。

那么如何做到“道法自然”呢？那就是“无为”。老子认为，清静无为是人生自然之本，他说：“夫物芸芸各复归其根。归根曰静，是谓复命；复命曰常，知常曰明。不知常，妄作凶。”故“清静无为天下正”。“人之道”就在于“为无为，事无事，味无味”。老子还具体指出：“不自见，故明；不自是，故彰；不自伐，故有功；不自矜，故长；夫唯不争，故天下莫能与之争。古之所谓

‘曲则全’者，岂虚言哉？诚全而归之。”不自我炫耀、不争名夺利，反而会名扬四方，会得到多数人的拥护。由此可以看出，老子的无为也包含着“不争”，不争亦能“保全”自身之自然本性。“不争”要求不带个人偏见，以忘我与淡泊宁静的态度去对待世间万事万物，努力做到清心寡欲，自足知止，“知足不辱，知止不怠”，避免患得患失的烦恼，从而融入自然与社会之中。

老子认为，人心应该向真朴的自然之性复归，婴儿只有有限的知识和欲望，距离原有的“德”不远。他们的淳朴、天真和自然，是每个人都应当尽可能保持的特性。老子说“含德之厚，比于赤子”，又说“常德不离，复归于婴儿”，因此“圣人皆孩之”。只有这样，才能体现出人的自然纯朴的人性。老子说：“圣人在天下，歙歙焉，为天下浑其心。”“古之善为道者，非以明民，将以愚之。”“愚”在这里的意思是淳朴和天真。圣人不只希望他的人民愚，而且希望他自己也愚。老子说：“我愚人之心也哉！”道家说的“愚”不是一个缺点，而是一个大优点。那么如何才能达到婴儿般的自然状态呢？老子认为要无知寡欲，他指出，“为学日益，为道日损”，同时，“祸莫大于不知足，罪莫大于可欲，咎莫大于欲得”。因此，“圣人欲不欲，不贵难得之货。学不学，复众人之所过，以辅万物之自然而不敢为”。

在“自然”哲学的基础上，老子建立了他的无为而治的政治论。无为与自然是关系密切的概念。无为是对道或君主的要求，自然指道或君主无为下万物或百姓的自主状态。统治者无为，百姓生活就自然。老子耳闻目睹当时大大小小的统治者竞尚骄奢，对外尔虞我诈、互相攻伐，对内政令烦苛、剥削严重，认为这都是统治者背弃大道、恣意妄为所造成的恶果，“天下多忌讳，而民弥贫。民多利器，国家滋昏。人多伎巧，奇物滋起。法令滋彰，盗贼多有”。因此老子主张效法自然，以清静无为治理天下。

老子说：“爱民治国，能无为乎！”又说：“道常无为而无不为。侯王若能守之，万物将自化。”老子认为当时社会的畸形病态是“有为”所致，他说：“民之饥以其上食税之多，是以饥；民之难治

以其上之有为，是以难治；民之轻死以其求生之厚，是以轻死。”因此，老子主张无为而治，“我无为，而民自化；我好静，而民自正；我无事，而民自福；我无欲，而民自朴”。“无为”并不是消极怠惰，无所作为，而是顺其事物之自然，即“辅万物之自然”，排除不必要的作为或妄为。顺其自然不妄为，实际上也是“为”，治理好一个国家，就必须采取这种顺其自然不妄为的方式。侯王如果能谨守大道，按规律办事，切实做到“无为无不为”，老百姓不受干扰侵犯，就可以自生自化，安宁质朴地生活，社会自然就会走上正轨。

老子认为，“治大国，若烹小鲜”，即治理国家，如同煎小鱼一样，不要经常翻搅，而要“以道莅天下”，这样才会“其鬼不神，非其鬼不神，其神不伤人；非其神不伤人，圣人亦不伤人。夫两不相伤，故德交归焉。”这就是说，用道治理天下，鬼怪起不了作用；不但鬼怪起不了作用，神祇也不侵越人；不但神祇不侵越人，圣人也不侵越人。鬼神和有道者都不侵越人，所以彼此能相安无事。

无为而治要求统治者“少私寡欲”，“以百姓心为心”，减少私心，降低欲望；政令不可烦苛琐碎，朝令夕改；薄赋敛，减轻人民的负担；“以正治国，以奇用兵，以无事取天下”，谨慎用兵，不要发动不义的战争；“以智治国国之贼，不以智治国国之福”，删减法令，减轻刑罚，不玩弄权术，不用高压政策对付老百姓，而以质朴善良的政风感化人民。归结为一句话，就是“为无为，则无不治”。

(4) 小国寡民的社会理想

老子反对“法治”，认为“法令滋彰”反而造成“盗贼多有”；反对有为而治，认为“民之难治，以其上之有为”；反对多征地税，认为“民之饥，以其上食税之多”；反对墨家和法家的“尚贤”，说：“不尚贤，使民不争”；反对战争，认为“兵者，不祥之器”；也反对儒家主张的“礼治”，认为“礼”已成大乱的祸首。为了达到无为而治，老子提出了“小国寡民”的理想：“使有什伯之器而不用；使民重死而不远徙。虽有舟舆，无所乘之；虽有甲兵，无所陈之。使民复结绳而用之。甘其食，美其服，安其居，乐其俗。邻国相望，鸡犬之声

相闻，民至老死不相往来。”他企图恢复到小国寡民的远古时代，有了器械不用，有了舟车不乘，有了甲兵不打仗，废除文字，仍旧用结绳来记事。人民有甜美的饮食，美观的衣服，安适的居所，欢乐的习俗。国和国之间能够望得到，鸡鸣犬吠可以相互听见，人们直到老死不相往来。在他看来，有智慧是坏事，有技巧是坏事，有物质文明是坏事，有欲望也是坏事，多活动也是坏事。小国寡民表达了老子强烈的社会批判精神，实质上是一种相当激进的政治思想。

老子主张以“无事”的办法来“取天下”。他说：“取天下常以无事，及其有事，不足以取天下。”所谓“无事”就是“无为”，他认为“无为”才能争取天下的归向，用“有为”的办法去争取将要失败，用“执之”的办法去掌握将要丢失，即“将欲取天下而为之，吾见其不得已。天下，神器，不可为也；为者败之，执者失之”。老子主张讲求“不争之德”，认为有了不争之德，就可以防止失败，立于不败之地，所以他说：“天之道，不争而善胜。”

老子尤其反对儒家的政治主张，认为大道之中原本就囊括了仁、义、礼的内容，而且它们不过是大道的末节，不是最高境界。在大道衰微甚至被废弃之时，仁义之类才作为道德的或哲学的范畴为人们所重视，这就是“失道而后德，失德而后仁，失仁而后义，失义而后礼，夫礼者忠信之薄而乱之首”。老子认为，到了对“礼”津津乐道、要靠其来维持正常的社会秩序之际，就表明淳厚诚朴之自然天性已经销蚀得所剩无几，社会动乱即将降临。所以他说：“大道废，有仁义；智慧出，有大伪；六亲不和，有孝慈；国家昏乱，有忠臣。”过分标榜仁义或忠孝，反而是大道废、国家乱才有的现象。因此，老子主张“绝圣弃智”、“绝仁弃义”。具体地说，“绝圣弃智，民利百倍；绝仁弃义，民复孝慈；绝巧弃利，盗贼无有。此三者，以为文，不足。故令有所属：见素抱朴，少私寡欲，绝学无忧”。抛弃聪明和智巧，人民可以得到百倍的好处；抛弃仁和义，人民可以恢复孝慈的天性；抛弃巧诈和货利，盗贼就自然会消失。圣智、仁义、巧利这三者全是巧饰的，不足以治理天下。保持朴质，减少私欲，抛弃圣智礼法的学问，才能使人没有忧虑，找到真正的归属。

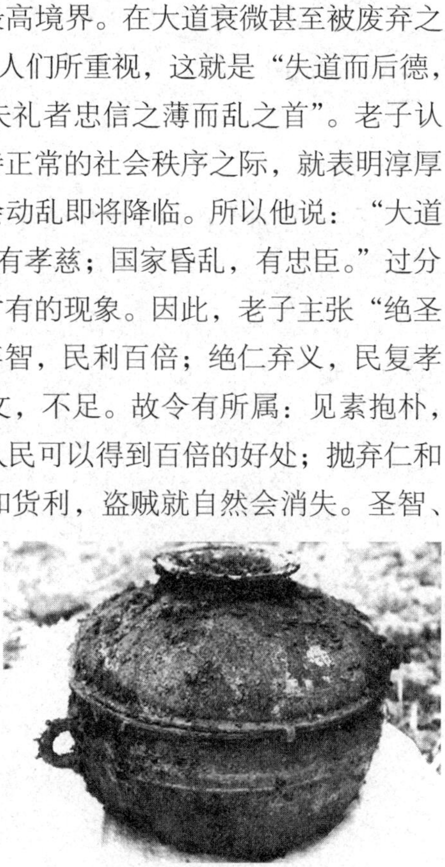

要实现小国寡民的理想，老子主张还要“常使民无知无欲”。“不尚贤，使民不争；不贵难得之货，使民不为盗；不见可

欲，使民心不乱。是以圣人之治：虚其心，实其腹，弱其志，强其骨。常使民无知无欲，使夫智者不敢为也。”不标榜贤才异能，使人民不争功名；不珍贵难得的财货，使人民不做盗贼；不显耀可贪的事物，使人民不被惑乱。所以有道的人治理政事，要净化人民的心思，满足人民的安饱，减损人民的心志，增强人民的体魄。常使人民没有伪诈的心智、没有争盗的欲念，使一些自作聪明的人不敢妄为。“古之善为道者，非以明民，将以愚之。民之难治，以其智多。”从前善于行道的人，不是教人民精巧，而是使人民淳朴。人民之所以难治，乃是因为它们使用太多的智巧心机，而让人和事物复归到真朴，天下就会大治。

（二）《庄子》

1. 简介

《庄子》是发挥道家思想和具有集大成意义的文献。《汉书·艺文志》著录《庄子》五十二篇，但留下来的只有三十三篇，分“内篇”、“外篇”、“杂篇”三个部分，一般认为“内篇”（《逍遥游》、《齐物论》、《养生主》、《人间世》、《德充符》、《大宗师》、《应帝王》）的七篇文字肯定是庄子所写，《齐物论》、《逍遥游》、《大宗师》集中体现了庄子的思想；“外篇”（《骈拇》、《马蹄》、《胠箧》、《在宥》、《天地》、《天道》、《天运》、《刻意》、《缮性》、《秋水》、《至乐》、《达生》、《山木》、《田子方》、《知北游》）十五篇是庄子及其弟子合作写成；“杂篇”（《庚桑楚》、《徐无鬼》、《则阳》、《外物》、《寓言》、《让王》、《盗跖》、《说剑》、《渔父》、《列御寇》、《天下》）当是庄子学派或者后来的学者所写，《盗跖》、《说剑》等篇不是庄子之思想。

《庄子》有哲学的睿智、文学的风采、美学的情趣，更体现了洒脱的人生。《庄子》之文章生动细腻，挥洒自如，意象雄浑飞越，想象汪洋恣肆，情致滋润旷达，文笔变化多端，具有浓厚的浪漫主义色彩，在中国的文学史上独树一帜。

《庄子》结构上分总自然，意到笔随，得心应手，千姿百态；句式富于变化，或顺或倒，或长或短，加之词汇丰富，描写细致，又常常不规则地押韵，显得极富表现力，极有独创性。《庄子》还善于用寓言说哲理，构思奇特，随意夸张，将自然万物赋予灵性，对历史人物加以虚构，故事密度大，富有幽默讽刺的意味，对中国的古代小说和传奇的文本表达有重大的影响。《庄子》标志着先秦散文已经发展到成熟的阶段，司马迁评其“洸洋自恣以适己”，鲁迅则称赞“其文则汪洋辟阖，仪态万方，晚周诸子之作，莫之或能先也”。

《庄子》之论，无论在政治、军事、教育、经济等各方面都可以致用，在个人修为、养气以及立身、处世等诸多方面，也有大用处，对后世的影响深远且巨大。

2. 思想

（1）“道”与“自然”的继承与发展

庄子继承了老子的思想，以道统摄万物，驾驭宇宙，认为道是世界的本源，化育万物的本根。他指出，道“有情有信，无为无形，可传而不可受，可得而不可见”，且“自本自根，未有天地，自古已固存”（《大宗师》）。故道是永恒的、绝对的、无变化的；而万物则是暂时的、相对的、有变化的。因此“道无终始，物有生死”，“先天地生而不为久，长于上古而不为老”。道又存在于万物之中，“夫道，于大不终，于小不遗，故万物备。广广乎其无不容也，渊渊乎其不可测也”（《人道》）。道还是不可感知、不可言说、不可命名的，“道不可闻，闻而非也；道不可见，见而非也；道不可言，言而非也！知形形之不形乎！道不当名”（《知北游》）。

庄子所说的道，指的是人的主体精神与物质实体的统一，是有与无的统一。他认为人只要精神上得到“道”，就可以与“道”同体。他把天地和万物与“我”说成是合二为一的东西，道既然存在于大地万物之中，也就存在于“我”。因此，我就是道，道就是我。庄子从这一观点出发，认为天即人，人即天，“天地与我并生，万物与我齐一”。这就是“天人合一”的思想。

庄子主张顺应自然，不破坏自然，认

为“天与人不相胜”。《秋水》云:“天在内,人在外”,“牛马四足,是谓天;落马首,穿牛鼻,是谓人。故曰:‘无以人灭天,无以故灭命,无以得殉名。谨守而勿失,是谓反其真。’”“牛马四足”即是天然,可是“落(络)马首,穿牛鼻”,加上不自由的束缚,这即是人为。庄子主张“反其真”,返回人的自然本性。他指出,人的“生死、存亡、穷达、贫富、贤与不肖、毁誉、饥渴、寒暑,是事之变、命之行也”(《德充符》)。因此,人之有德者是“知不可奈何而安之若命”,人之性就是与生俱来的天然本性。《养生主》以寓言“庖丁解牛”说明了万物“依乎天理,批大郤,道大窾,因其自然”的道理,还用一个故事加以说明:老子死后,他的朋友秦失前来吊唁,却批评别人的痛哭,他说:“是遁天倍情,忘其所受。古者谓之遁天之刑。适来,夫子时也。适去,夫子顺也。安时而处顺,哀乐不能人也。古者谓是帝之悬解。”

(2) 相对主义的“齐物论”

庄子认为,天下的万事万物都是齐一的、平等的,提倡把相反的万物视为齐一,认为彼此并没有什么分别。由此推而广之,天下间便没有了高低、强弱、古今、大小、是非、善恶、先后之分,这就把老子辩证法的相对性加以夸大,发展为相对主义。庄子认为,人间的真伪、是非之分来自此物与彼物的区别及言与物、言与言的对立。《齐物论》云:“道恶乎隐而有真伪?言恶乎隐而有是非?道恶乎往而不存?言恶乎存而不可?道隐于小成,言隐于荣华。”只有持有局部见解(“小成”)的人,才看不见道而谈论真伪;只有喜好争辩(“荣华”)的人,才不理解素朴之言而谈论是非。

庄子认为,事物都有其自然本性,都体现了无所不在的道,故而“道通为一”。他在《秋水》中以“河伯观海”的寓言加以说明,“以道观之,物无贵贱;以物观之,自贵而相贱;以俗观之,贵贱不在己。以差观之,因其所大而大之,则万物莫不大;因其所小而小之,则万物莫不小。……以趣观之,因其所然而然之,则万物莫不然;因其所非而非之,则万物莫不非”。从人们对事物的认识趋向来看,顺着万物一面去观察便会认为是对的,那么万物没有什么不

是对的；顺着万物否定的一面去观察便会认为是不对的，那么万物没有什么不是错的。可见是非难辨，“是亦彼也，彼亦是也，彼亦一是非，此亦一是非”，“是亦一无穷，非亦一无穷也”。因此，庄子把万物看作是齐一的，不要强分彼此、是非，而要采取一种“和之以是非，而休乎天钧”的态度，即不执着于是非的争论，而保持事理的自然均衡。

庄子认为，既然一切万事万物都是齐一的，那么生死皆齐一、自然。庄子说：“方生方死，方死方生。”又说：“杂乎芒芴之间，变而有气，气变而有形，形变而有生，今又变而之死，是相与春秋冬夏四时行也。”（《至乐》）人之生死只是如春夏秋冬一般循环不息，因此必须顺乎自然，破除一切的拘执。庄子认为，生固可喜，死亦无悲，由是可齐生死，人亦可无生死，人生在世就要安之若命。庄子在其妻子死时鼓盆而歌，就是庄子这一思想的力证。

(3)“君道无为”的政治主张

庄子尖锐地揭露了当时社会的病态和丑恶：“无耻者富，多信（言）者显”（《盗跖》），“钱财不积，则贪者忧，权势不尤，则夸者悲”（《徐无鬼》）。他反对儒家的以仁义治国和法家的以刑罚治国的主张，主张无为而治，回到原始的“至德”社会。他认为，“圣人生而大盗起”，将现实社会视为强盗世界，认为仁义礼智是窃国大盗的工具和赃物。他指出，“捐仁义者寡，利仁义者众”，那些高唱仁义之道的人，多假借仁义以取利，“仁义之行，唯且无诚，且假夫禽贪者器”（《徐无鬼》）。他认为推行儒家学说，非但不能救世，反而违背人性，致使“彼窃钩者诛，窃国者为诸侯，诸侯之门而仁义存焉”（《胠箧》）。他又论述法家主张不足取，“昔尧治天下，不赏而民劝，不罚而民畏。今子赏罚而民且不仁，德自此衰，刑自此立，后世之乱自此始矣”（《天地》）。

庄子认为，“绝圣弃知而天下大治”，“绝圣弃知，大盗乃止；擿珠毁玉，小盗不起；焚符破玺，而民朴鄙；剖斗折衡，而民不争。”（《胠箧》）庄子认为，君王为政，以道德为根本，以无为为常态，“上无为也，下亦无为也，是下与上同德，下与上同德则不臣。下有为也，上亦

有为也，是上与下同道，上下同道则不主，上必无为而用天下，下必有为而天下用，此不易之道也。……故古之王天下者，知虽落天地，不自虑也，辩虽形万物，不自说也，能虽穷海内，不自为也。天不产而万物化，地不长而万物育，帝王无为而天下功”（《天道》）。

庄子还描绘了理想中的“至德之世”：“不尚贤，不使能，上如标枝，民如野鹿。端正而不知以为义，相爱而不知以为仁，实而不知以为忠，当而不知以为信，蠢动而相使，不以为赐。是故行而无迹，事而无传。”他羡慕远古的神农之世，认为那时“卧则居居，起则于于，民知其母，不知其父，与麋鹿共处，耕而食，织而衣，无有相害之心”（《盗跖》），“民结绳而用之，甘其食，美其服，乐其俗，安其居，邻国相望，鸡狗之音相闻，民至老死而不相往来”（《胠箧》），是“至德之世”最为兴盛的时候。

(4) 无待与逍遥的人生态度

庄子追求绝对的、逍遥的精神自由。在庄子看来，只要“犹有所待”，即人为外物所累和受外力的牵绊，就不能获得绝对的自由，能够顺着自然的本性，不受时间和空间的限制，才是真正的自由。庄子认为，“至人无己，神人无功，圣人无名”，所以人生应当逍遥无为，即不受时间和空间的任何限制，超越物质世界的束缚，不感到自己的存在，不追求名誉，不追求成功，做到无名、无功、无己，也就是无待、无为。这样就可以处于逍遥状态——一个内心自由自在、无拘无束的至高境界。人之逍遥，抛弃了私心、功名与利禄，彻底置身于宇宙大化之中，一切皆无，顺性而行，“得而不喜，失而不忧”，“乘天地之正，而御六气之辨，以游无穷”。这是一种心与道合一的境界。

庄子认为，真正的道德境界，超越了世俗道德的束缚，不为世俗的名誉所动，“举世誉之而不加劝，举世非之而不加沮，定乎内外之分，辩乎荣辱之境”。《养生主》以“庖丁解牛”为喻，阐述人生之道，认为“吾生也有涯，而知也无涯。以有涯随无涯，殆矣。已而为知者，殆而已矣。为善无近名，为恶无近刑，缘督以为经，可以保身，可以全生，可以养亲，可以尽年”。这即是

说，人生苦短，不能以有限的生命去追求无限的种种。做好事不要追求名誉，做坏事不要触犯刑律，最好是忘记善恶的界限，不好不坏，不去惹人注意，这样对自己才有利。

庄子主张用“心斋”、“坐忘”的方法达到逍遥境界。《人间世》云：“若一志，无听之以耳，而听之以心；无听之以心，而听之以气。听止于耳，心止于符。气也者，虚而待物者也。唯道集虚。虚者，心斋也。”“心斋”就是排除一切杂念，使心境保持虚静纯一的状态。《大宗师》云：“堕肢体，黜聪明，离形去知，同于大通，此谓坐忘。”“坐忘”指内心虚寂，心神安静，涤除思虑，物我两忘，不仅忘掉一切客观事物，而且不记得自己形体的存在，达到心与天地万物浑然一体的精神境界。在《大宗师》中，庄子对“坐忘”的方法作了详细介绍：“参日而后能外天下；已外天下矣，吾又守之，七日而后能外物；已外物矣，吾又守之，九日，而后能外生；已外生矣，而后能朝彻；朝彻，而后能见独；见独，而后能无古今；无古今，而后能入于不死不生。杀生者不死，生生者不生。其为物，无不将也，无不迎也；无不毁也，无不成也。”修道之人经过“外天下”、“外物”、“外生”三个阶段，然后达到“朝彻”，即一下子豁然贯通，随之可以“见独”，即见别人所不见，至此，便可以不分古今生死，不计往来成败，内心宁静自如，静如止水。

四、道家学派的历史显现

历史上，许多人和学派以道家为宗，抑或多多少少受道家学派的影响。道家哲学对中国政治也提供了活动的空间，使得中国知识分子不会因为有太强的儒家本位的政治理想而执著于官场的追逐与性命的投入，从而能更轻松地发现进退之道，理解出入之间的智慧。道家对中国文化的贡献是与儒家同等重要，只是在政治思想上一为表显，一为裹藏而已。道家虽然是主张隐的，但是在历史上很多时期却显而为用，而对于人生之影响，道家的思想更是不容忽视。

（一）黄老学派

1.简介

黄老学派是在发挥老子思想的基础上，吸收了法家、阴阳家、名家等学派主张而形成的一个学派。

“黄”是指华夏民族的共同始祖黄帝，“老”即指先秦道家的老子。黄老学派大概兴起于齐国稷下学宫，以老庄虚静恬淡思想为基调，以“道”为核心，吸收法家思想，提出“道生法”的观点；突出刑德观念，主张恩威并施以巩固政权；倡导经纬人事的积极人生态度。

战国中后期，随着变法图强呼声的日益高涨，一些道家学者一改对政治的冷漠态度，努力寻找一条更为适合现实政治需要的新路。当时，黄帝作为中原各民族之始祖，影响巨大，这些学者便借用黄帝的名声，继承和发挥道家老子的道论与应世、养生之学，“本于黄老而主刑名”，吸取部分阴阳、儒、墨、名、法等家的思想内容，在秦汉之际形成为“内以治身，外以治国”的新的道家学说，称为“黄老之学”。黄老学派提出一套可以在现实社会中操作的政治原

则，并对法家产生深远的影响，《史记·孟子荀卿列传》说田骈、慎到、环渊、接子等法家人物，“皆学黄老道德之术，因发明序其指意”。

黄老学派被汉初统治者采用，在西汉盛极一时。汉时言道家，多指黄老之道，如司马谈之《论六家要旨》、刘安之《淮南子》。秦始皇以来，滥耗民力，严刑峻法，以致百姓反叛，国家灭亡。故汉高祖即位以后，奉行黄老的道家思想，推行“清净无为，与民休息”的政策，著名的宰相萧何、曹参也都力行黄老之学以治国家，汉惠帝、吕后、汉文帝、汉景帝这些天子、后妃基本上都是黄老之学的奉行者，直到汉武帝独尊儒术以后，汉代黄老之风才转移至民间。

黄老学派代表人物有宋钘、尹文、申不害等，《史记·乐毅列传赞》中提到的黄老学者有河上丈人、安期生、乐瑕公、乐臣公、善公，汉代的曹参、陈平、司马季主、窦太后、安丘生、王生、黄生等也是黄老思想的信奉者。《汉书·艺文志》里托名为黄帝的书有 21 部，除《黄帝内经》外，均已亡佚。1973 年长沙马王堆汉墓出土的，写在《老子》乙卷前面的《经法》、《十六经》、《称》、《道原》等四种古代佚书，是黄老学派的重要著作，其中以《经法》一书比较重要。此外，《老子河上公章句》、《管子》一书中的《白心》、《内业》、《心术》等篇、《淮南子》的部分思想内容也体现了这一学派的思想。

2.思想

（1）道家为宗，顺应自然

黄老学派继承了老庄的思想，认为要顺应自然。黄老学派认为，道是宇宙的根源，《道原》中云：“恒无之初，迵同大虚。虚同为一，恒一而止。……天弗能复（覆），地弗能载。小以成小，大以成大。盈四海之内，又包其外。”道即常无，是最高的存在，在万物之中，又在万物之外。《淮南子·诠言》亦云：“夫道者，覆天载地，廓四方，柝八极，高不可际，深不可测，包裹天地，禀授无形；原流泉浡，冲而徐盈；混混滑滑，浊而徐清。故植之而塞于天地，横之而弥于四海；施之无穷，而无所朝夕。”道在空间上充斥着所有领域，包容一切，在时间上无穷无尽。

《管子·内业》云：“道，理之者也。”“万

物以生，万物以成，命之曰道。”道是万物总的法则，道不能脱离万物，是与万物俱生的、永恒的，因此称之为“常道”；理则是指具体事物的法则，理是可以被人了解和效法的，人若掌握了它，则无事而不成，无往而不胜。《淮南子·原道训》说：“得一之道而以少正多。”还说：“道者，一立而万物生矣，是故一之理，施四海；一之解，际天地。”黄老学派把道的思想加以改造，用来达到法治的目的，认为事物发展到了极端就要走向它的反面，“极而反，盛而衰，天地之道也，人之李（理）也”（《经法·四度篇》）。事物的发展变化有个自然的“度”，行动符合“度”，就符合于“天道”，这叫做“天当”。每种事物的功能作用都有个客观的极限，这叫做“天极”。“圣人”就必须“能尽天极，能用天当”。如果“过极失当，天将降央（殃）”，即将要受到违反自然规律的惩罚，“不循天常，不节民力，周迁而无功”（《经法·约论篇》）。这就是说，“不节民力”就违反自然规律，因而就不能成功。这为他们所制定的缓和社会矛盾的政策提供了哲学上的理论根据。

(2) 清静无为，因循而治

黄老学派主张“守道任法”，“守法而无为”，以“法”为“无为”的界限。《经法》与《道原》用道论演绎法制定理论，认为“道生法，法者，引得失以绳而明曲直者也”，道能生成万物，也能生出法。掌握了道的圣人，根据道的原则来立法，因此法一旦形成，任何人包括圣人本人都不能违背，即“生法而弗敢犯也，法立而弗敢废也”（《经法·道法篇》）。“名刑已定，物自为正。”只要制定了刑名法律，万物就能各归其位，社会就能安定团结。

所谓无为，不是漫无边际的放任，而是不超越既定的法律规定，顺应事物的发展。《淮南子·原道训》载：“所谓无为者，不先物为也；所谓无不为者，因物之所为。所谓无治者，不易自然也；所谓无不治者，因物之相也。”可见，无为也不是毫无作为，而是一种特定的有为。《淮南子·修务训》指出，自然不会自己服务人，必须在其自然性的基础上添加人力，才能使其为人服务，“夫地势水东流，人必事焉，然后水潦得谷行；禾稼春生，人必加工焉，谷五谷得遂长”。因此，无为是因循自然之势而为，“若吾所谓无为者，私志不得入公

道，嗜欲不得枉正术，循理而举事，因资而立功，权自然之势，而曲故不得容者，事成而身弗伐，功立而名弗有，非谓其感而不应，迫而不动者”。

黄老学派吸收老庄“清静无为”、“无为而治”、“以百姓之心为心”的思想，主张“省苛事，节赋敛，毋夺民时”，强调“节民力以使，则财生，赋敛有度，则民富”。财生民富，人民才会有廉耻之心，做到“号令成俗而刑伐不犯”，而“号令成俗而刑伐不犯，则守固战胜之道也”。统治者治理国家，也要根据不同的社会历史背景，真切了解当时社会和政治的运行法则，制定出相应的政治措施加以施行，才能收到事半功倍的效果。黄老道家把这样的思想和行为称作“无为而无不为”，表现在政策上，主逸臣劳，除削烦苛，务德化民，恢弘礼义，顺乎民欲，应乎时变；强调法治，主张“精公无私而赏罚信”，“罪杀不赦”（《经法·君正篇》），同时要求赏罚得当，反对“妄杀杀贤”，“杀无罪”（《经法·亡论篇》）；在选官用人时，选拔宽容大度的人，而不用深文周纳的人；在对外政策上，重视对待敌国人民的政策，讨伐对象必须“当罪当亡”，反对灭亡人家的国家而“利其资财，妻其子女”（《经法·国次篇》）。

(3) 宽简刑政，崇尚节俭

黄老学派认为“秦以刑罚为巢，故有覆巢破卵之患”，而“为治之本，务在安民”。要安民，便必须依靠法律来“禁暴止邪”，以保护善良。只是法令必须简易，刑罚必须宽平，“设刑者不厌轻，为德者不厌重，行罚者不患薄，布赏者不患厚”。黄老学派认为，“治国之道，上无苛令，官无烦治”，不可像秦朝“置天下于法令刑罚”之中，以致天下仇怨，群起反叛。在他们看来，“刑罚积则民怨背”，“事逾繁而天下逾乱，法逾滋而奸逾炽，兵马益设而敌人逾多”，一切求其符合“合于人情而后为之”。这些思想在文景治世都得以体现。

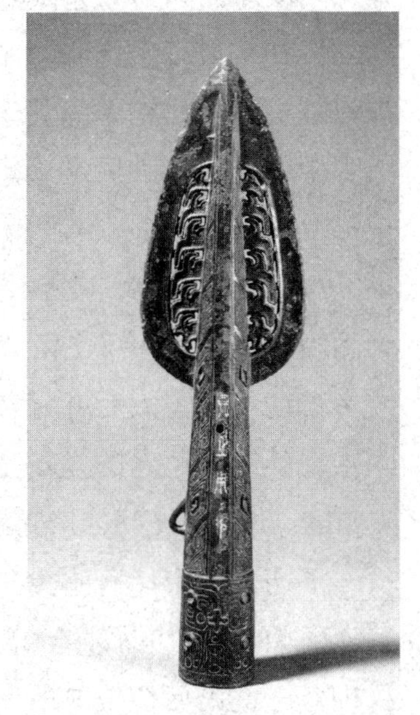

黄老学派还主张君主要少私寡欲，谦柔对下，去奢去侈，认为完全靠刑罚不足以移风，杀戮不足以禁奸，还要以“神化”为贵，即以君主的精神风范感化众人。君主若能严于律已，以身成仁，就能起到感化万民的作用。相反，就会影响社会风气。

“上多故，则下多诈；上多事，则下多态；上烦扰，则下不定；上多求，则下多争。”因此，“君人之道，处静以修身，俭约以率下。静则下不扰，俭则民不怨”。如此，“清静无为，则天与之时；廉俭守节，则地生之才；处愚称德，则圣人为之谋”（《淮南子·主术训》）。

3.无为而治与文景治世

黄老学派的思想，在中国历史上发挥过重要作用。继秦末大乱之后，西汉前期社会经济极度凋敝，《汉书·食货志》形象地记载说：“汉兴，接秦之敝，诸侯并起，民失作业而大饥馑。凡米石五千，人相食，死者过半。高祖乃令民得卖子，就食蜀、汉。天下既定，民亡盖藏，自天子不能具钧驷，而将相或乘牛车。”西汉百废待兴，国家急需恢复生产，增强国力，而黄老之学提倡“无为而治，与民休息”，正好适应了汉初的休养生息的政策的需要。同时，汉初统治者鉴于秦王朝“举措暴众而用刑太极”，以致被迅速推翻的教训，于是对黄老之学加以积极推行，废除秦朝的苛政，施行轻徭薄赋，减免税赋的惠民政策，重农抑商，兴办水利，发展农业生产，收到了很好的治世效果，西汉前期国力为之恢复，后世遂称为“文景之治”。

汉初从最高统治者皇帝到朝廷中身负要职的重臣，均崇尚黄老。汉高祖刘邦对陆贾《新语》中的黄老之学认真阅读并再三称善，认识到黄老之学在长治久安中的作用，其后继者惠帝、吕后、文帝、景帝也相继推行黄老之学。《史记·吕后本纪》载：“孝惠皇帝、高后之时，君臣惧欲休息乎无为，故惠帝垂拱，高后女主称制，政不出户，天下晏然。”由此可见，高后与汉惠帝是奉行无为而治的思想的。汉文帝“本修黄老之言，不甚好儒术，其治尚清静无为”，在文帝带动下，窦太后亦好黄老之学，不悦儒术。她曾批评好儒学而轻道术的袁固生，其崇尚黄老的立场是十分鲜明的。而景帝在位期间，也“因修静默，勉人务农，率下以德”，崇尚清静无为。

汉初大臣中，有不少人推崇道家，也比较系统地接触过道家学说。史载曹参为齐相时，“闻胶西有盖公，善治黄老言，使人厚币请之”。后来他继萧何为汉相，一遵萧何在位时所制定的规章惯例，百姓作歌称赞他“载其清静，民以

宁一”（《史记·曹相国世家》）。继曹参、王陵之后的汉相陈平也好黄老，在政治上的谋断与策略，皆与《黄帝四经》所阐述的黄老谋略相符。淮南王刘安“招致宾客方术之士数千人”编纂成《淮南子》，其中以黄老道家内容居多。其他笃信黄老的如汲黯、郑当时、田叔、张良、张释之、直不疑、司马谈等比比皆是，他们在汉初推动了黄老政治的施行。

汉文帝、汉景帝身体力行，对黄老无为而治的思想继续积极倡导和施行。

（1）轻徭薄赋，减轻人民负担

刘邦登基后，约法省禁，减轻田赋税率，“什五而税一”。文帝时，进一步降低田租的税率，曾两次“除田租税之半”，即租率减为三十税一。文帝十三年，减除了民田之租税。11 年后，景帝元年才又恢复三十税一的政策。后来，三十税一遂成定制。文帝时，算赋也由每人每年 120 钱减至 40 钱，徭役则减至每 3 年服役一次。景帝二年（公元前 155 年），又把秦时 17 岁傅籍（登记服徭役）的制度改为 20 岁始傅，而著于汉律的傅籍年龄则为 23 岁。这是中国封建社会田赋税率最低的时期。

（2）除烦去苛，减轻刑罚

汉初统治者坚持黄老之学“赏罚信”的思想，主张严格执法，即使皇帝也只有“执道生法”的权力，而不得犯法。但是，基于“安民”、“惠民”的立场，对法家的“重刑轻罪”主张并不首肯。在这种思想影响下，汉初统治者坚持除秦苛法。文帝一登基便废除诽谤、妖言罪，下令制作专门进言献策的“铜制虎符”和批评朝廷的“竹制使符”，发到全国各地的封国和郡守，提倡臣民直接给皇帝或朝廷提建议、意见。文帝元年（公元前 179 年）十二月，除“除收孥诸相坐律令”，处治罪人时，不株连部属和家属。文帝十三年（公元前 167 年），下诏废除黥（在人脸上刺字并涂墨）、劓（割鼻）、刖（断足）、宫（阉割）等肉刑，改用笞刑代替，景帝又减轻了笞刑。文、景帝时许多官吏断狱从轻，持政务在宽厚，不事苛求，因此狱事简省，人民所受的压迫比秦时有显著的减轻。

（3）重视农业，鼓励生产，发展

经济

在农业方面，文帝、景帝多次下诏劝课农桑，按户口比例设置三老、孝悌、力田若干员，经常给予他们赏赐，以鼓励农民发展生产。在工商业方面，文帝“弛山泽之禁”，即允许私人入山采矿，下泽捕鱼，煮海水为盐，从而促进了农副业生产和与盐铁生产事业的发展。汉景帝时还恢复与匈奴等周边民族的互市，发展边境贸易，在“异物内流，利不外泄”的原则下，取得了巨大的贸易顺差。

农业的发展，使粮价大大降低，史载，文帝时每石“粟至十余钱”。文景之时则通过“贵粟”政策，提高粮食价格，提高农民收入，以“损有余补不足”。同时，文景二帝以捐献粮食赐予爵位的方式，诱使富人去购买农民的粮食，对于能捐献粮食并运送到边境粮库的，国家按照捐献数额的不同赐予不同的爵位，还可以赎罪。这样，不仅军饷充裕，农民的收入也有了保障，国家的储备日益充足。

(4) 厉行节约，禁止浪费

文帝提倡节俭，他在位23年，宫室苑囿，车骑服御，都无增加。他常穿着绨衣，所喜欢的慎夫人，令衣不得曳地，帷帐不得文绣，以示敦朴，为天下作出榜样。他曾欲建造一个露台，召来工匠计算需要百金，便放弃了这一想法：“百金中民十家之产，吾奉先帝宫室，常恐羞之，何以台为!”景帝下诏不接受地方贡献的锦绣等奢侈物品，并禁止地方官员购买黄金珠玉，否则以盗窃论罪。

文帝以身作则，勤俭朴素，他在临终前下诏书说：“朕闻盖天下万物之萌生，靡不有死，死者天地之理，物之自然者，奚可甚哀?”他很不赞成人死后花钱厚葬，认为这样会弄得倾家荡产，而强调服丧则损害了身体。他诏令全国：诏令到达后，哭吊三日就除去丧服；不要禁止娶妻嫁女、祭祀、饮酒、吃肉；应当办理丧事、服丧哭祭的人，都不要赤脚踏地；服丧的麻带宽度不要超过三寸，送葬时不要陈列车驾和兵器，不要发动男女百姓到宫殿来哭祭；宫中应当哭的人，只要在早晚各哭15声，礼毕即止。因为文帝提倡俭约，所以当时的国家财政开支有所节制和缩减，贵族官僚也不敢滥事搜括、奢侈无度，从而一定

程度上减轻了人民的负担，使当时社会经济获得显著的发展。

(5) 休养生息，避免战事

文景两朝对周边少数民族也不轻易动兵，尽力维持相安的关系。吕后时，南越王赵佗自立为帝，役属闽越、西瓯、骆，又乘黄屋左纛，与汉王朝分庭抗礼。文帝即位后，派人重修了赵佗先人的墓地，尊宠赵氏昆弟，并派陆贾再度出使南越，赐书赵佗，于是赵佗去除帝号，归复汉朝，像诸侯王一样接受汉朝皇帝的命令。文帝多次派遣使者与匈奴谈判，采取和亲政策，与之“结兄弟之义，以全天下元元之民”，此后匈奴虽背约屡犯边境，但文帝只是诏令边郡严加守备，并不兴兵出击，以免烦苦百姓。

汉初，由于君臣同心协力推行清静无为、与民休息的黄老之治，因而产生了显著的效果，“京师之钱累百巨万，贯朽而不可校。太仓之粟陈陈相因，充溢露积于外，腐败不可食。众庶街巷有马，阡陌之间成群”（《汉书·食货志》）。黄老之治的历史经验，证实了老子无为而治思想的价值。后来，新王朝建立，差不多都吸收黄老思想，与民休养生息，治理战争创伤，发展社会经济，从而巩固新政权。黄老思想也有其消极的一面，西汉中期以后，社会经济日益发展，诸侯豪强等地方割据势力膨胀，政治生活日趋复杂，道家政治思想便不再能与社会发展相适应，终于被儒家思想所取代。

（二）道家与道教

1. 道教简介

道教是在中国形成并传播的一种多神宗教，在中国古代的影响仅次于佛教。道教历史渊源较早，内容也很庞杂，简而言之，包括先秦时期的古代巫术、鬼神崇拜、道家思想，秦汉时期的黄老之学、神仙方术、谶纬思想，还有部分西南地区少数民族的原始宗教信仰等。道教以“道”为最高信仰，认为“道”是化生宇宙万物的本原和主宰，无所不在，无所不包，万物都是从“道”演化而来的。道教奉老子、元始天尊为教主，尊崇《道德经》、

《南华经》（《庄子》）、《抱朴子》等众多道家经典，主张清静无为，清心寡欲，追求长生不老，得道成仙；提倡修炼丹药，实施祈祷、礼忏等宗教仪式。

道教重生恶死，认为人的生命可以自己做主，而不用听命于天，因而主张修道养生。道教成仙或成神的修炼方法有许多，如炼丹、服食、吐纳、胎息、按摩、导引、房中、辟谷、存想、服符和诵经等。归纳起来，可分为服食（仙药、外丹等）、炼气与导引、内丹修炼、法术仪式、功德成神五种，常见的后天神仙多为内丹修炼和功德成神者。在修身方面，道教讲究“人天合一”、“人天相应”、“无为而治”、“不言之教”、“虚心实腹”、“归根复命”、“乘天地之正，而御六气之辩，以游无穷”，等等。

东汉末年，太平道和五斗米道的出现，标志着道教的形成，而《太平经》、《周易参同契》、《老子想尔注》三书是道教信仰和理论形成的标志。以后，道教历经魏晋南北朝的演变和发展，到隋唐时期受到李唐王朝的推崇和扶持，发展到了鼎盛阶段。金元时期又产生了较大的教派——全真教。此后，各派之间逐渐融合，发展出正一教和全真教两大教派，明清之后，道教逐渐走向了衰落。

道教派系众多，因分派标准不同而名称各异。按地区分有华山派、武当派、龙门派、崂山派、随山派等；据学理分有积善派、经典派、符录派、丹鼎派（金丹派）、占验派；按道门分有混元派（太上老君）、南无派（谭处瑞）、清静派（孙不二）、全真教（王重阳）、正一教（张宗演）等。历史上还有正一宗（张道陵）、南宗（吕纯阳）、北宗（王重阳）、真大宗（张清志）、太一宗（黄洞一）五大宗之分法和天师道、全真道、灵宝道、清微道四大派的分法。道教各派善于兼收并蓄，汲取别派思想，在理论、教义方面的差别较小，多在修习方式上互有贬斥。道教徒称为“道士”，据《太霄琅书经》记载，“人行大道，号曰道士。……身心顺理，唯道是从，故称道士。”其中女性的道士称为“坤道”，又称女冠，俗称道姑；男性的道士称为“乾道”，也称道人、羽士、羽客、黄冠等，又尊称为道长。

道教作为我国土生土长的传统宗教，在长期的发展、流传过程中，对中华民族的社会发展、民族心理、民族文化的发展演变产生了重大的影响，其影响

涉及政治、经济、哲学、文学、艺术、音乐、建筑、化学、医学、药物学、养生学、气功学以及民俗、民族关系和农民运动等各个方面，影响延续至今。

2. 道教的流变

（1）道教的创立

东汉顺帝时期（126 年—144 年）为道教的创始阶段，这一时期有张陵的五斗米道和张角的太平道，它们活动于下层民众中，并与农民起义相结合，起到了宣传和组织农民起义的作用。

东汉顺帝时，张陵闻蜀地多名山，民风淳厚，易于教化，于是携弟子入蜀，居住在鹤鸣山（又名鹄山）修道。他精思炼志数年，自称得太上老君口授，著作道书二十四篇，又吸收巴蜀少数民族原始宗教，创立五斗米道（信道者出米五斗，故称）。五斗米道以符水为人治病，奉《老子》为经典。后世道教徒尊张陵为天师，五斗米道称天师道。张陵去世以后，他的儿子张衡、孙子张鲁继续在川西北和陕南一带传道。张鲁曾率众攻取汉中，实行政教合一，颇得人心，雄踞该地达 38 年之久，后张鲁被招降，五斗米道遂可合法传播，影响越来越大。

东汉灵帝时，于吉（一说干吉）、宫崇所传的《太平清领书》（即所谓《太平经》）得到广泛传播。张角自称“大贤良师”，以《太平经》为主要经典，以“中黄太一”为至尊天神，创太平道。太平道以跪拜首和符水咒语为人治病，教徒几十万，遍布青、黎、幽、冀、荆、扬、衮、豫等八州，颇有影响。东汉灵帝中平元年（184 年）发动起义。后来，黄巾起义失败，太平道日趋衰微。

（2）道教的分化

魏晋南北朝时期，随着炼丹术的盛行和相关理论的深化，道教内部分化，部分向上层发展。

东晋葛洪总结战国以来神仙方术思想，在《抱朴子·内篇》中建立一套成仙的理论，力主炼服金丹是长生成仙的唯一秘诀，对道教发展有较大影响。以后上清派、灵宝派等相继出现。同时，民间流传通俗道教，有依托帛和的“帛家道”，李阿的“李家道”，孙恩的“紫道”，民间俗信的“清水道”，华存的“茅山道”。

南北朝时期，道教规模形成。北

魏之时，嵩山道士寇谦之自称奉太上老君意旨，清整道教，首次使用“道教”一词统一各道派。在北魏太武帝拓跋焘的支持下，他制订礼度乐章，要求徒众遵守纲常名教，整顿统一民间各道派，并代替张陵为天师，号称“北天师道”，后北天师道又分出楼观派、紫阳派、净明派。南朝宋明帝时，庐山道士陆修静祖述三张（张陵、张衡、张鲁），弘衍二葛（葛玄、葛洪），依据宗法思想制度，仿效佛教修持仪式，制订道教斋戒仪范，改革五斗米道，意在王者遵奉，号称“南天师道”，后南天师道又分出上清派、灵宝派、茅山派。南朝梁武帝时陶弘景吸收儒家和佛教两家思想，主张三教合流，充实道教内容，构造道教神仙谱系，叙述道教传授历史，对道教发展影响很大。这一时期，经过南朝陆修静整理“三洞”经书，陶弘景排列道教神系，臧玄静阐述道教“玄学”，道教逐步形成一套完整的宗教仪式，道德戒律、道德教义、经书典籍、修炼方术也日趋完备。道教徒也业已在固定的宫观修行，形成按教阶组织起来的道士集团。

(3) 道教的隆盛

有唐一代，道教得到了李唐王朝的大力支持，更为繁荣昌盛。唐代统治者自称老子后裔，实行崇道政策。唐高祖李渊在武德八年（625年）规定三教排列次序，以道教最先，儒教次之，佛教最后。唐高宗李治在乾封元年（666年）追尊老子为“太上玄元皇帝”。仪凤三年（678年），又下诏以老子《道德经》为上经，作为国家科举考试的正式科目，列于孔子《论语》等儒家经典之前，贡举人皆须兼习。唐玄宗李隆基在开元二十五年（737年）令道士女冠隶宗正寺，把道士视为皇室宗亲，诏两京及诸州各置“玄元皇帝庙”一所。天宝元年（742年），李隆基又追尊庄子为南华真人，文子为通玄真人，列子为冲虚真人，庚桑子为洞虚真人，四人著作都列为道教经典。天宝十三年（754年），李隆基亲朝太清宫，上玄元皇帝尊号为“大圣祖高上大道金阙玄元天皇大帝”，颁御注《道德经》。

及至宋代，宋真宗赵恒称道教财神赵玄朗为其族祖，奉为道教尊神，封为“圣祖上灵高道九天司命保生天尊大帝”，加封老子为“太上老君混元上德皇帝”。宋徽宗赵佶自称“教主道君皇帝”，在太学置《道德经》、《庄子》、《列

子》博士，亲自为道教书籍作注，并下令僧尼改为道士，让他们穿道服，加入道学。

唐宋时期道书正式汇编成《道藏》，研究道经的著名道士和学者辈出。如隋唐王远知、孙思邈、成玄英、王玄览、司马承祯、吴筠、吕洞宾、施肩吾，五代杜光庭、闾丘方远、彭晓、谭峭，北宋陈抟、张紫阳、陈景元等。

金世宗大定七年（1167 年），陕西咸阳人王重阳创立儒、释、道兼容的全真道。金元之际，沧州人刘德仁创立大道教，后称真大道教，卫州人萧抱珍创立太一教，都在黄河以北流行，但历时不久，就湮没无闻。全真道因王重阳之号称为“北七真”的弟子马丹阳、谭处端、刘处玄、丘处机、王处一、郝大通、孙不二得以发扬，特别是丘处机受元太祖铁木真（成吉思汗）器重，盛极一时。南北天师道为与之抗衡，和上清、灵宝、净明道等流派合流，元时尊张天师为正一教主，合并为正一道。道教从此分为正一、全真两大教派。

（4）道教的衰微

明代皇帝几乎都表现出对道教的信奉，永乐帝朱棣自诩为真武大帝的化身，而对尊祭真武的张三丰及其武当派大力扶持。嘉靖皇帝自号“玄都境万寿帝君”，躬亲礼斋，授予许多道士“少保”、“礼部尚书”等官衔，参与朝政。明代历世还在京师设置道箓司，在各府设置道正司，在各县设置道会司，将道教事务列入朝廷行政管理的范围。但自明中叶后，道教衰落的势头已较为明显。清代开始，清统治者信奉藏传佛教，并压制主要为汉族人信仰的道教。清高宗乾隆将正一道人官阶由二品降至五品，道教活动受到限制，清宣宗道光年间正式取消道教到朝廷朝觐制度。道教丢失了与朝廷的联系，地位下降，逐渐走向衰落。

3. 道教的特点

（1）民族性、本土性

道教是唯一根植于中国本土、发源于中国古代文化的民族宗教，同中国传统文化血肉相连，具有鲜明的民族特色。道教的思想渊源“杂而多端”。《老子》一书的神秘思想和黄老之学，古代的鬼神、巫术、仙人、仙药思想，阴阳五行学说，汉代的谶纬之学，都构成了道教的思想渊源，具有强烈的民族性。道教的开创者们竭力从流传于古代中

国，尤其是流传于楚文化圈的种种神话中采撷出神鬼精灵，构造出一个长生不死、超越时空的神仙世界，道教诸神如中黄太一、太上老君、元始天尊、玉皇大帝、玄女、西王母、赤松子等，都是在中国"土生土长"的。此外，道教在教旨上以长生成仙为目标，讲求归本返朴、归根复命的养气健身术，从而与世界宗教的风貌大相径庭。

(2) 重生、贵生，追求长生成仙

道教重"生"，反复演说求生、好生、乐生、重生、贵生、养生、长生之道。如道教早期的经典《太平经》、《老子想尔注》等便强调重生与贵生。《太平经》有言曰："人最善者，莫若常欲乐生，汲汲若渴，乃后可也。"又《老子想尔注》载："公乃生，生乃大"，"道大、天大、地大、生亦大，域中有四大，而生居其一焉……不如学生"。《妙真经》亦说："道人谋生，不谋于名。"《坐忘论序》则说："人之所贵者生也，生之所贵者道也。"

道教看重个体生命的价值，讲究养生术，相信经过一定的修炼，世间的凡人可以飞升成仙，因此道教千方百计地追求长生。"我命在我，不属天地"，"制命在内，我命由我"，战胜死神、将生命无限延续下去是修道者追求的终极目标，而要实现这种可能的途径就是通过修行来"得道"或"返道"。"天地、人物、仙灵、鬼神，非道无以生，非德无以成，生者不知其始，成者不见其终，探奥索隐，孰窥其宗。"为"仙"是由人转变而成的灵体，即人通过修行而"得道"的一种结果。人成仙后可"失人之本"而"变质同神"，拥有神灵般广大无限的能力。为达到这一目标，历代的道徒们进行了不懈的努力，发明了各种功与术。

(3) 好炼丹之术

炼丹为炼制外丹与内丹的统称，是道教的重要道术之一，实际是一种以中国传统文化"三教合一"为背景的特定的身心修炼方法，是求得长生成仙的重要途径。

外丹术源于先秦神仙方术，是在丹炉中烧炼矿物以制造"仙丹"。魏晋到隋唐，是外丹术的黄金时期。为投合帝王将相企图长生不老的梦想，道士们纷纷安炉立鼎，炼制仙丹。道士炼丹往往要用数十种药物，其中包括水银、丹砂、

铅、雄黄、雌黄以及砒石、矾石等。这些物质对治疗溃疡、毒疮等有时有效，少量内服也可以使红血球迅速增长，使皮肤红润，发热御寒，使人认为它能让人青春永驻，返老还童。然而，这些药物大多含有砷的化合物，即砒霜的主要成分，长期服用会引起慢性中毒，有时甚至突然死亡。因此有人总结说："欲求长生，反致速死。"唐以后，外丹术就逐渐衰落了。

外丹术衰落之后，代之而起的是内丹术。内丹家认为，天地是大宇宙，人身是小宇宙，炼内丹就是借用外丹的术语，以人体为丹房，以心肾等器官为鼎炉，以人体的精、气、神为药物，以元神妙用——即意念呼吸为火候，借鉴烧炼外丹的理论、原则、术语等进行自我生命修炼，通过炼精化气、炼气化神、炼神还虚的过程，就可以逆自然之易，夺造化之功，开发人体潜能，探索人体奥秘，最后返本还源，炼成金丹，达到性命双修、羽化登仙的目的。内丹术内容繁富，宗派杂多，而撮其大端，则主要有以张伯端、白玉蟾为代表的南宗和以王重阳、丘处机为代表的北宗。内丹术博采佛、儒、医诸家之长，不断趋于成熟，盛行于晚唐和宋明，并逐步形成了完备的理论体系和多种多样的修炼途径。

(4) 泛神崇拜

道教泛神崇拜的特色非常典型，它并不是奉老子为唯一的最高真神，而是建立了一个庞杂的神仙系统。《神仙传》记载上仙、次仙、太上真人、飞天真人、灵仙、真人、灵人、飞仙、仙人等各路神仙，《仙经》则将仙分为天仙、地仙和尸解仙，"上士举形升虚，谓之天仙；中士游于名山，谓之地仙；下士先死后蜕，谓之尸解仙。"道教神仙"仙口"之多，执事之广，分工之细，在世界宗教史上是绝无仅有的。大到主宰宇宙的最高天神"三清"（玉清元始天尊、上清灵宝天尊、太清道德天尊即老君）、"四御"（昊天金阙至尊玉皇大帝、中天紫微北极太皇大帝、勾陈上宫南极天皇大帝、承天效法后土皇地祇），小到雷公、门神、灶君、三司神、财神、土地神、药王、瘟神、西王母、东王公、玄女，林林总总，不一而足。

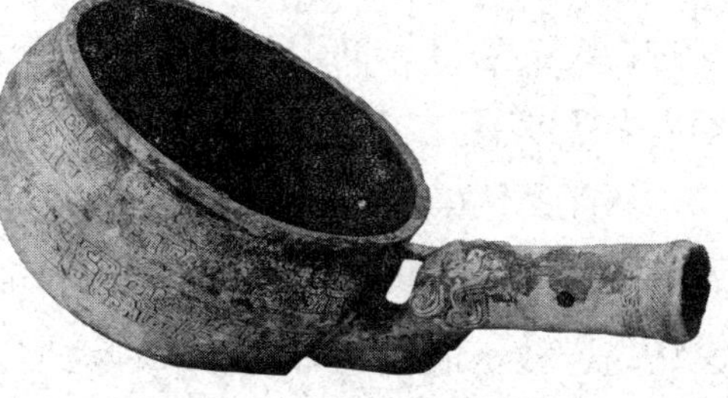

(5) 崇尚名山

道教崇山，这是众所周知的事实。道教典籍中随处可见的洞天福地，无一

不是在名山大川之中。青城山、龙虎山、武当山、茅山、三清山、齐云山、仙都山、九宫山、王屋山、崆峒山等，都以道教文化著称。道教崇尚自然，提倡清静无为、遁世隐修，追求玄奇的神仙境界和天人合一的思想，深山正是其理想的世外桃源。葛洪在《抱朴子》中说：“山林之中非有道也，而为道者必入山林，诚欲远彼腥膻，而即此清净也”，又说“合丹当于名山之中，无人之地”，“是以古之道士合作神药，必入名山”。千百年来，无数道家隐士，遁迹于名山大川之中，“得山川之灵气，受日月之精华”，凿洞筑庵，潜心修道。同时，山中有着丰富的矿物质和药用植物，这些丹砂铅汞和灵花仙草，为道士们采药炼丹，制作“不死之药”提供了必要条件，而道家瑰丽的神话传说和仙真遗迹，也为名山平添了奇幻的色彩和迷人的魅力。

4. 道家与道教的区别与联系

“道家”与“道教”二词，常被不加区别地使用。其实，道家与道教有着本质的区别，前者是一个学术流派，以其思想演变与代表人物为研究内容；后者是宗教，有其神仙崇拜与信仰，有教徒与组织，有一系列的宗教仪式与活动。而且道教尊老子为宗又追求长生久视、长生不死，是和老子的哲学思想有相悖之处的，如庄子有时讲生不足喜，死不足悲，强调顺应自然，有时则讲生不如死，死比当帝王还快乐，而生则如多余的肉瘤，对待生死比较淡漠。而道教认为人可以在活着的时候就脱胎换骨，超凡入仙，所以重视个人今生的生命，强调和必死的命运抗争，力求突破生死大限，因而是积极有为的。此外，道家努力突破宗教和有神论的束缚，以天道自然否定鬼神的主宰，而道教则不然，承认而且主张有鬼神和仙人的存在，构筑“神仙乐园”以满足长生不死的愿望；道家尤其是庄子之学，对善恶持一种相对的观点，面对世俗之是非、礼仪也持一种否定的态度，而道教则吸收了儒家的纲常思想，又有严格的教规和戒律，劝人去恶就善。

然而，从中国思想史的角度来看，二者又具有十分密切的联系，是不能截然分开的。道教与道家纠缠成一团，血脉相通，颇难分开，以致若干国外汉学家认为道教是道家思想的继续和延长。道教脱胎于道家，道家哲学是道教的重

要思想渊源与宗教理论的主干。老子其人和《老子》其书在道教的形成和发展过程中起了相当大的作用。老子后来被道教神化为教主、太上老君、道德天尊(道教最高神“三清”之一的太清道德天尊)，甚至在唐代被封为“玄元皇帝”。而《老子》一书文辞深奥，哲理丰富，具有不少神秘的色彩，因而为道教所利用，不断加以附会、演绎和宗教注解。东汉以后，《老子》一书成为了道教的最高神学经典，称为《道德真经》。《庄子》在魏晋时被佛家用来诠释佛典，被认为同释迦牟尼思想同调。到了隋唐，《庄子》被奉为《南华真经》，庄子也被奉为道教祖师。以后，一批道教思想家相继研究《老子》和《庄子》，从不同的思想角度注解和诠疏《老子》《庄子》，丰富了道教思想的内容，极大地提升了道教神学的理论水平，形成了独具特色的道教老庄之学。道教欲使人长生不老，变化飞升，其炼养服食的方式与老庄所说的养生意旨也基本相同。虽然老庄没有讲过炼精化气、炼气化神、炼神还虚之类，但也讲修身养生的功夫。老子讲谷神，讲玄牝，让人营魄抱一，专气致柔而达到婴儿淳朴清明的境界，“致虚极，守静笃”则成为后来道教修炼的入门功夫。至于庄子，其“缘督以为经”、坐忘、心斋、守一、抱神以静等思想都为道教内丹学所继承和发挥。

道教又以特有的宗教形式，延续着道家的慧命，演绎、实践、发展着道家的思想和精神。葛洪扬道抑儒，力阐道者为本，不仅可以治身，还可以治国，从理论上发展了道家学术；唐代道士成玄英注疏《老子》《庄子》，深雅通达，百代所重；“重玄之道”，也是对道家哲学的创造性发挥；宋代道士陈抟作《无极图》，析解《周易》、《老子》，对天人相通之理有精妙之论，还推动了宋明理学的形成；张伯端《悟真篇》融合儒释道，对老学的虚境之道颇多深刻领悟；王重阳、丘处机力主三教会通，大倡性命双修之旨和清心寡欲，在更高的水平上返回道家，也推动了道家思想的发展。如此等等，不一而足。

（三）道家与魏晋玄学

1. 简介

魏晋玄学是魏晋时期以老庄思想为骨

架，会通自然与名教，融合道家和儒家而出现的一种哲学、文化思潮，这一思潮对宇宙、对人生和人的思维都进行了纯哲学的思考。“玄”字出自《道德经》第一章，末句形容道是“玄之又玄，众妙之门”，言道幽深微妙。

汉末之时，儒家经学趋于衰落，社会动荡，政治分裂，为思想的自由阐发创造了客观的社会条件。魏晋时代，名士谈玄论道，探求人生意义，一时蔚为风气，道家思想的衍变于是迈入新的阶段。由于当时的思想家把《老子》、《庄子》与《周易》作为谈论和研讨的主要经典，故称为“三玄”，又因为谈论的内容大多涉及远离具体事务的“玄远之学”，所以后世将这一时期的哲学思潮称为“魏晋玄学”。

《老子》和《庄子》是道家的经典，而《周易》是儒家的经典，由此可见魏晋玄学实际是以道家思想为主，糅合部分儒家思想而形成的新的哲学思潮。事实也是如此，玄学家们一方面提出要“越名教而任自然”，一方面又大谈“圣人明乎天人之理”，以“建天地之位，守尊卑之制”；一方面自称“老子、庄周是吾师”，一方面又鼓吹要“怀忠抱义，而不觉其所以然”。魏晋玄学主要涉及有与无、生与死、动与静、名教与自然、圣人有情或无情、声有无哀乐、言意之辨、形神之辨等形而上的问题。玄学家多立言玄妙，行事玄远，大多是当时的名士，主要代表人物有何晏、王弼、阮籍、嵇康、向秀、郭象等。王弼以注《老子》出名，向秀、郭象以注《庄子》著称。何晏的《道德论》，阮籍的《通老论》、《达庄论》，嵇康的《养生论》、《声无哀乐论》等，则是专意为文阐论老庄玄理的。

2. 玄学的精神与特色

(1) 清谈与思辨

清谈是玄学的表现形式。魏晋时期，玄学家们之间盛行清谈之风。清谈亦谓之“清言”，不谈国事、民生之俗事，专谈老庄、周易。清谈被统治阶级和有文化的人视之为高雅之事，风流之举，成为当时的时尚。

玄学家在一起讨论争辩，各抒歧异，摆观点，援理据，以驳倒他人为能事。清谈之内容往往具有一种真正思辨的、理性的“纯”哲学意味。与喜好连事比类的两汉儒者不同，魏晋玄学家专注于辨析名理，以清新俊逸的论证来反对沉

滞繁琐的注释，以怀疑论来否定阴阳灾异之说和迷信，以注重义理分析和抽象思辨抛弃支离破碎章句之学。玄学谈玄析理，解玄析微，挥洒张扬，海阔天空，体现了理性思维的智慧美，抽象美，也体现了人摆脱局促狭隘、向往洒脱广大的超越品性。清谈多标新立异，“见人之所未见，言人之所未言，探求义理之精微而达于妙处”，这促进了理性思辨的空前活跃，从而影响了魏晋时各方面的学人。文学批评著作如刘勰的《文心雕龙》、钟嵘的《诗品》，都具有前代所少见的严密的理论系统性和深刻的美学内涵。

(2) 潇洒与隐逸

随着人们关注的主题由世俗政治转向生命个体，魏晋玄学培养了一大批潇洒飘逸、放浪形骸和愤世嫉俗、高蹈浪漫的骚人墨客，形成了一种挣脱儒家精神枷锁、要求思想解放和追求个性自由的士风。魏晋玄学所确立的人格理想境界，成为魏晋士人追求的目标，他们的生活自然会浸染上“悟道会神”的浓重玄味，铸就了中国士子玄、远、清、虚的生活情趣。

在玄学家看来，道之无为，皆因其“法自然”、顺应自然，而自然的境地是一个独立于现实功利之外的逍遥自足的世界。阮籍说：“天地生于自然，万物生于天地，自然者无外，故天地中焉”，“人生天地之中，体自然之形。”（《达庄论》）郭象也说：“万物必以自然为正”，“知天人之所为，皆自然也。”（《庄子论》）正因为如此，魏晋士人多徜徉山水，寄情丘林，临渊而啸，曲肱而歌，“琴诗自乐”，“皆以任放为达”，追求一种“不与时务经怀”的“萧条高寄”的生活。顺情适性的行为方式使得隐逸之风在当时大为盛行。陶渊明的名

篇《饮酒》形象地描绘了隐士恬静自适的生活："结庐在人境，而无车马喧。问君何能尔，心远地自偏。采菊东篱下，悠然见南山。山气日夕佳，飞鸟相与还。此中有真意，欲辨已忘言。"

(3) 山水与玄趣

山水是玄学家最常接近和赞咏的对象，当玄学家"以玄对山水"，从自然山水中去领悟"道"的具象时，自然便有了无穷的奥妙与玄趣，从而为中国文化艺术拓出了一片博大而崭新的境界。

自然界本是一个没有任何尘世痕迹的自在之物，它无所谓美，也无所谓丑。然而，魏晋人以虚灵的心境去观赏自然山水，以率性率真的人性来品味无的玄趣，由此生发出一系列的由外知内、以形征神的美学观念，使他们对自然的山水有了完全别样的理解。他们超越形而下的种种束缚，以空灵之心趣审视山水，赋予自在之物的自然以无穷的玄趣，大自然在人们的眼中跃动、鲜活起来，它宁静淡泊、自由逍遥、圆融朴素，玄趣盎然。

晋宋人所推出的山水画不仅是一种山水礼赞，而且是一种"心取"、"象外"之道的活动，其"畅神"、"悟道"的特质，与"穷奥妙于意表"的写意境界，使得它在风貌上必然地具有一种玄远幽深、意远迹高的哲学气质，"气韵生动"也成为中国绘画乃至艺术作品不可动摇的美学传统。而山水诗更是从玄理的苦思转向自然的景观，以清丽葱郁的词句去传递主体精神对"道"的冥悟。因此，"风韵"、"神姿"、"风尚"、"神气"、"风格"、"风气"乃至"清"、"虚"、"朗"、"达"、"简"、"远"等审美题目流行一时。正是在魏晋六朝，天然去雕饰的自然之美开始成为民族性的审美趋向。

2.魏晋玄学的发展

魏晋玄学可分为正始、竹林和元康三个时期。正始时期以何晏、王弼为代表，从研究名理发展到无名；竹林时期以阮籍、嵇康为代表，皆标榜老庄之学，以自然为宗，不愿与司马氏政权合作；元康时期以向秀、郭象、裴頠为代表，认为万物皆是自然而生，主张“名教即自然”。

（1）正始时期

正始（240年—249年）是三国时期曹魏的君主曹芳的第一个年号。以何晏、王弼开创的正始玄学，提出“贵无论”，以“自然”统御“名教”，主张“名教本于自然”，治理社会要以道家的自然无为为本，以儒家的名教为末。

何晏（？—249年），字平叔，南阳宛（今河南南阳）人。其主要著作有《论语集解》十卷、《道德论》二卷、集十一卷，集已佚。今存《论语集解》、《无名记》、《无为论》、《景福殿赋》等。他认为，天地万物皆以无为本，“无也者，开物成务，无往不存者也”，指出“道”或“无”能够创造一切，“无”是最根本的，“有”靠“无”才能存在，“有之为有，恃无以生；事而为事，由无以成。”（《道德论》）何晏还提出“圣人无情”说，认为圣人无喜怒哀乐，圣人无累于物，也不复应物，圣人可完全不受外物影响，而是以“无为”为体。

王弼（226年—249年），字辅嗣，魏山阳（今河南焦作）人，魏晋玄学理论的奠基人。他在仅24年的人生旅程中，为后人留下了《老子注》、《老子指略》、《周易注》、《周易略例》、《论语释疑》等众多著作，对哲学的发展产生了广泛的影响。

王弼认为，天下万物皆“以无为本”，“道者，无之称也”，“道”就是“无”，而“无”是宇宙万物

存在的根本，“有”不过是“无”的一种外在体现。他说：“天下之物，皆以有为生。有之所始，以无为本。将欲全有，必返于无也。”（《老子注》）道作为万物遵循的法则，是没有实在之体的、无形无象的，“道者，无之称也。无不通也，无不由也。况之曰道，寂然无体，不可为象。”（《论语释疑》）任何具体物之存在，既以无为用，也以无为体，“天不能为载，地不能为覆，人不能为赡，万物虽贵，以无为用，不能舍无以为体也。”（《老子注》）据此，王弼提出“崇本举末”、“守母存子”的观点，认为“守其母以存其子，崇本以举其末，则形名俱而邪不生”。可见，王弼试图依据“以无为本”来处理和解决社会问题。

(2) 竹林时期

阮籍、嵇康为“竹林七贤”之首领，其学有“竹林玄学”之称。嵇康、阮籍等以道家的无为思想对抗名教，倡导“越名教而任自然”。他们公开说老子、庄周“吾之师也”，“非汤武而薄周礼”，立足于批判现实的黑暗和苦难以及名教和自然的真切悖反，以玄学异端的面貌，对于儒家的礼法名教进行了无情的揭露和批判。

阮籍（210 年—263 年），字嗣宗，三国魏陈留尉氏（今属河南）人。著有《大人先生传》、《达庄论》、《通易论》等，并有《咏怀诗》82 首传世。

阮籍站在自然的立场上，对名教进行批判。他在《大人先生传》中云：“昔者天地开辟，万物并生。大者恬其性，细者静其形。……害无所避，利无所争。……盖无君而庶物定，无臣而万事理，保身修性，不违其纪。”在理想的自

然状态下，无君无臣，社会依然运行良好。而“今汝造音以乱声，作色以诡形，外易其貌，内隐其情。怀欲以求多，诈伪以要名；君立而虐兴，臣设而贼生。坐制礼法，束缚下民。欺愚诳拙，藏智自神。强者睽视而凌暴，弱者憔悴而事人。假廉而成贪，内险而外仁，罪至不悔过，幸遇则自矜”。以上阮籍历数名教束缚人、残害人之种种恶行，得出“君子之礼法，诚天下残贼、乱危、死亡之术耳”的结论。现实如此险恶，阮籍向往出世，达到“大人先生”的理想境界。这种“大人”，超然世外，上与造物同体，下与万物齐一，“夫大人者，乃与造物同，天地并生，逍遥浮世，与道俱成，变化散聚，不常其形”。

在行为上，阮籍更为逍遥处世、任性而为、放任自达，表现出如风之飘、似水之流的大化逍遥的风流气象。他“能为青白眼，见礼俗之士，以白眼对之，及嵇喜来吊，籍作白眼，喜不怿而退。喜弟康闻之，乃赍酒挟琴造焉，籍大悦，乃见青眼”。有时为了排遣苦闷，阮籍自乘马车，“不由径路，车迹所穷，辄恸哭而反”。又说他曾看重一家女子的才色，此女却未嫁而死，“籍不识其父兄，径往哭之，尽哀而还”。

嵇康（223年—263年），字叔夜，三国魏谯郡（今安徽宿州）人，文学家、思想家、音乐家，著有《声无哀乐论》、《与山巨源绝交书》、《琴赋》、《养生论》等。

嵇康尖锐地指出儒家经典所鼓吹的礼法名教是社会上种种伪善、欺诈的根源，是“大道陵迟”的衰世产物：“及至不存，大道陵迟，乃始作文墨，以传其意，区别群物，使有类族。造立仁义，以婴其心，制为名分，以检其外。劝学讲文，以神其教；故六经纷错，百家繁炽，开荣利之途，故奔骛而不觉。”

（《难张辽叔自然好学论》）统治者鼓吹仁义，是为了束缚人们的思想；制定礼法名分，是钳制人们的行为；办学堂讲经书，是为了神化自己的统治，因而名教是违反自然、违反人性的。“六经以抑引为主，人性以从欲为欢，抑引则违其愿，从欲则得自然，然则自然之得，不由抑引之六经；全性之本，不须犯情之礼律。故仁义务于理伪，非养性之要求；廉让生于争夺，非自然之所出也。”（《难张辽叔自然好学论》）人的本性是以不受外在的束缚而自适从欲为欢，而“六经”的本质是抑制束缚人的自然本性，因而是虚伪的。在此基础上，嵇康提出“越名教而任自然”，希望不为名教所束缚，以求得个体人性的从欲自由和精神解放。

在生活方式上，嵇康主张“任自然”，讲求养生服食之道，向往出世的生活，不愿做官。大将军司马昭要礼聘他为幕府属官，他便跑到河东郡去躲避征辟。同为竹林七贤的山涛曾推荐他做官，他作《与山巨源绝交书》，说当世是贼臣当道，坚辞为官。嵇康傲岸不群，后来遭谗而罪。他“临刑东市，神气不变，索琴弹之，奏《广陵散》。曲终曰：‘袁孝尼尝请学此散，吾靳固不与，《广陵散》于今绝矣！’”嵇康之安时处顺，超脱不羁，潇洒清畅，可见一斑。

（3）元康时期

元康（291 年—299 年）是西晋晋惠帝司马衷的第三个年号。向秀和郭象修正了何、王、嵇、阮之说，认为“名教即自然”，以《庄子注》为标志。裴頠以《崇有论》从理论上用以有为本批判以无为本，提倡有为，否定无为，推崇名教，排斥自然。

向秀（约 227 年—272 年），字子期，西晋河内怀（今河南武徙）人。向秀曾注《庄子》，“妙析奇致，大畅玄风”，注未成便过世，另著《思旧赋》、《难嵇叔夜养生论》。郭象（约 252 年—312 年），字子玄，河南洛阳人。他承向秀余绪，在向秀基础上“又述而广义”注疏《庄子》，成书《庄子注》三十三篇。应该说，《庄子注》体现了二人的思想。

向秀、郭象主张名教即自然，自然即名教，构成了一套即本即末、本末一体的“独化论”体系。他们认为，无不能生有，有也不能生有，“然则生生者谁哉？块然而自生耳。自生耳，非我生也，我既不能生物，物也不能生我，则我自然矣。自己而然，则谓天然”。万物没有一个统一的根源或共同的根据，万物之间也没有任何的资助或转化关系，“凡得之者，外不资于道，内不由于己，掘然自得而独化也”。向秀、郭象认为，万物的生成变化是自因的，这种“独化”是万物无法避免的宿命：“人之所因者，天也。天之所生者，独化也。人皆以天为父，故昼夜之变，寒暑之节，由不敢恶，随天安之；况乎卓尔独化，至于玄冥之境，又安得而不任之哉？既任之，则死生变化，惟命之从也”。他们还认为事物间存在着普遍的联系，即“彼此相因”，但这“彼此相因”是互相为“缘”，而非互相为“故”，万物相反而不能相无，而是无形的“玄合”，“彼我相与为唇齿，唇齿者未尝相为，而唇亡则齿寒，故彼之自为，济我之功矣，斯相反而不可以相无者也”。

向秀、郭象认为，名教完全合乎人的自然本性，人的本性的自然发挥也一定符合名教，指出仁义等道德规范就在人的本性之中，即“仁义自是人之情性”。他们认为，物各有性，而“性各有分”，一切贵贱高下等级，都是“天理自然”，“天性所受”，人们如果“各安其天性”，各尽自己的名分和职守，则名教的秩序就自然安定了。圣人“虽在庙堂之上，然其心无异于山林之中”，因此名教与自然两者是不矛盾的。

裴頠（267 年—300 年），字逸民，西晋河东闻喜（今山西闻喜）人，著有《崇有论》。

裴頠开宗明义地反对王弼、何晏等人倡导的“贵

无论”，认为总括万有的“道”，不是虚无，而是“有”的全体，即万事万物的总称，各种不同事物的品类和形象，是本来就有的。他说：“夫总混群体，宗极之道也；方以族异，庶类之品也。形象著分，有生之体也；化感错综，理迹之原也。夫品而为族，则所禀者偏；偏无自足，故凭乎外资。”

在裴頠看来，绝对的“无”是不可能生出任何东西来的，万物的产生和存在，是自生自长出来的，万有既然是自生的，则其本体就是它自身。他说：“夫至无者，无以能生，故始生者，自生也。自生而必体有，则有遗而生亏矣。生以有为已分，则虚无是有之所谓遗者也。”裴頠认为，只有“有”才能育化万物，“无”只是在没有“有”以后的遗者，是“有”的丧失和转化，不能与“有”相提并论。

墨子与墨家学派

墨子是墨家学派的创始人，战国初期伟大的思想家、政治家，也是一位有卓越贡献的自然科学家。在春秋战国时期，百家争鸣，诸子创说，涌现出了许多思想家和科学流派。墨家就是其中一个非常重要的学派。中国歌颂侠义精神的诗歌和侠士小说，其精神源头莫不与墨家思想有着密切的联系。墨家思想在中国民间的社会底层流传着，对中国文化影响之大，并不亚于儒学和道学。

一、墨家概说

墨家是先秦诸子百家中重要的学派之一，在当时和儒家一起并称为先秦时代的两大“显学”，有“非儒即墨”之说。墨家因创始人是墨翟，世称墨子，故而这一学派被称为墨家学派。

《汉书·艺文志·诸子略》中说：“墨家者流，盖出于清庙之守。茅屋采椽，是以贵俭；养三老五更，是以兼爱；选士大射，是以上贤；宗祀严父，是以右鬼；顺四时而行，是以非命；以孝视天下，是以上同；此其所长也。及蔽者为之，见俭之利，因以非礼，推兼爱之意，而不知别亲疏。”此说墨家出自清庙之守，即巫祝，巫祝是管理庙中事务，演习郊祀或其他祭祀礼仪的人，也有说墨家出于武士。其实，墨家主要来源于社会中、下层手工业者，墨家思想也在一定程度上代表了“农与工肆之人”的利益。

《淮南子·要略》载：“墨子学儒者之业，受孔子之术。”可见墨家是从儒家分出来的。但墨家的主张和儒家是针锋相对的，儒家主张“爱有差等”，墨家则主张“兼爱”；儒家信“命”，墨家则“非命”；儒家鄙视生产劳动，墨家则强调“不赖其力者不生”；儒家“盛用繁礼”，墨家则俭约节用；儒家严义利之辨，墨家则主张“义，利也”；儒家希求“穷则独善其身，达则兼善天下”，墨家则“摩顶放踵，利天下为之”，如此等等。具体来说，墨家主张“兼爱”，反对儒家从宗法制度出发的亲疏尊卑之分。兼，视人如己；兼爱，即爱人如己，“天下兼相爱”，就可达到“交相利”的目的。政治上主张“尚贤”“尚同”和“非攻”，反对世卿世禄制度，反对各国之间以掠夺为目的的不义之战，认为任用官吏要重视才能，打破旧的等级观念，使“官无常贵，而民无终贱”；经济上主张强本节用，要求“节葬”“节用”，反对奢华的生活方式以及礼乐制度；思想上提出尊天事鬼，同时又提出“非命”的主张，强调靠自身的实力从事。

墨家不仅是一个思想学派，还是一个有着严密组织和严格纪律的民间团体，

其徒属从事谈辩者，称“墨辩”；从事武侠者，称“墨侠”；领袖称为“巨（钜）子”。按墨家的规定，被派往各国做官的墨者，必须推行墨家的政治主张，行不通时宁可去职。另外，做官的墨者要向团体捐献俸禄，做到“有财相分”。墨家讲究“任侠”，相传“墨子之门多勇士”，而“墨子服役百八十人，皆可使赴火蹈刃，死不旋踵”（《淮南子·泰族训》），功成不受赏，施恩不图报，说明了墨家理想人格的侠肝义胆。墨家尤重艰苦实践，以自苦励志。“孔席不暖，墨突不黔”，“短褐之衣，藜藿之羹，朝得之，则夕弗得”，“摩顶放踵利天下，为之”（《孟子·尽心上》），“以裘褐为衣，以跂蹻（草鞋）为服，日夜不休，以自苦为极”，生活清苦是墨家的真实写照。墨家纪律严明，相传“墨者之法，杀人者死，伤人者刑”（《吕氏春秋·去私》）。

墨家代表著作是《墨子》，由墨子的弟子根据授课笔记编撰而成。《汉书·艺文志》记载墨家著作八十六篇：《墨子》七十一篇、《胡非子》三篇、《随巢子》六篇、《我子》一篇、《田俅子》三篇、《尹佚》二篇，墨家著作在六朝以后逐渐流失，仅有《墨子》五十三篇存世。

墨子死后，墨家分裂为三派，有相里氏之墨、邓陵氏之墨、相夫氏之墨、活动于战国中后期。至战国后期，汇合成二支：一支称为后期墨家，注重认识论、逻辑学、数学、光学、力学等学科的研究，对前期墨家的社会伦理主张多有继承，在认识论、逻辑学和自然科学方面成就颇丰；另一支则转化为秦汉社会的游侠。战国以后，墨家已经衰微。西汉时，由于汉武帝的独尊儒术政策、社会心态的变化以及墨家本身并非人人可达的艰苦训练、严厉规则及高尚思想，墨学渐趋式微，由显学逐渐变为绝学。但是，墨家精神并未失传，汉代以后的侠士是墨家“兼爱”精神的继承者。中国文化中匡扶正义、平等互助的侠义精神，在很大程度上得到墨家精神的真传。

二、墨子其人

墨子，生卒年不详，一般认为，墨子生于公元前476年左右，卒于公元前390年左右，也有人考证说墨子大约出生在周敬王四十年（公元前480年）左右，卒于周威烈王六年（公元前420年）左右。墨子名翟，鲁小邾国（今山东省滕州市）人，战国时期著名的思想家、教育家、军事家，也是先秦诸子中唯一的自然科学家。墨子是墨家学派的创始人，并有《墨子》一书传世，其事迹，分别见于《荀子》《韩非子》《庄子》《吕氏春秋》《淮南子》等书。

《史记·孟子荀卿列传》中说："盖墨翟宋之大夫，善守御，为节用。或曰并孔子时，或曰在其后。"墨子自称是"鄙人"，被人称为"布衣之士"和"贱人"，他"量腹而食，度身而衣"，吃的是"藜藿之羹"，穿的是"短褐之衣"，足蹬"跂跷"。墨子出身平民，可能是小手工业者，精通手工技艺，可与当时的巧匠鲁班相比。据说，他制作守城器械的本领比鲁班还要高明，曾经在楚惠王面前与鲁班互比攻守城池的技术，结果斗败了鲁班。墨子曾做宋国大夫，自诩"上无君上之事，下无耕农之难"，是一个同情"农与工肆之人"的士人。墨子以"为万民兴利除害"为自己的使命，游说诸侯，谋求制止战争，安定民生。相传墨子曾阻止强大的楚国进攻弱小的宋国，说服鲁阳文君停止攻郑。他"南游使卫"，宣讲"蓄士"以备守御，又屡游楚国，献书楚惠王，后又离开了楚国。墨子晚年来到齐国，企图劝止齐将项子牛讨伐鲁国，但没有成功。

墨子曾经从师于儒者，学习孔子之术，称道尧舜大禹，学习《诗》《书》《春秋》等儒家典籍，但后来逐渐对儒家的烦琐礼乐感到厌烦，认为儒家"夫繁饰礼乐以淫人，久丧伪哀以谩亲，立命缓贫而高浩居（傲倨），倍（背）本弃事

而安息傲”。墨子最终舍弃了儒学，弃周道而用夏政，创立并形成声势浩大的墨家学派。墨子一生的活动主要表现在两方面，一是广收弟子，积极宣传自己的学说，“从属弥众，弟子弥丰，充满天下”；二是不遗余力地反对兼并战争，“上说诸侯，下说列士”，为“扶危济困”的正义事业而奔波，东汉史学家班固在《答宾戏》中说，“孔席不暖，墨突不黔”，又说他“日夜不休，以自苦为极”。可以说，墨子为下层劳动人民争取切身的利益，为解决或减轻他们的贫困和免受压迫之苦而付出了极大的心血。

墨子有十项主张：兼爱、非攻、尚贤、尚同、节用、节葬、非乐、天志、明鬼、非命，其中以“兼爱”为核心，以“尚贤”“节用”为基本点。墨子反对儒家的“天命”和“爱有差等”的思想，认为“执有命是天下之大害”，极力主张“兼相爱、交相利”，不应有亲疏贵贱之别；提出“非乐”“节用”“节葬”的主张，反对当权贵族的“繁饰礼乐”和奢侈享乐的腐朽生活；提出“尚贤”和“尚同”的观点，主张任人唯贤，反对任人唯亲，认为“官无常贵，民无终贱”；提倡“兴天下之利，除天下之害”的人生理想观。除了政治上的建树和理论上的学说之外，墨子在逻辑学、物理学、光学等领域也有所研究。墨子最早发现了小孔成像原理，而其微分学原理，也比西方要早，因此被西方科学界称为“东方的德谟克利特”。墨子几乎谙熟当时各种兵器、机械和工程建筑的制造技术，并有不少发明创造。在《墨子》一书中的《备城门》《备水》《备穴》《备蛾》《迎敌祠》《杂守》等篇中，他详细地介绍和阐述了城门的悬门结构，城门和城内外各种防御设施的构造，弩、桔槔和各种攻守器械的制造工艺以及水道和地道的构筑技术。

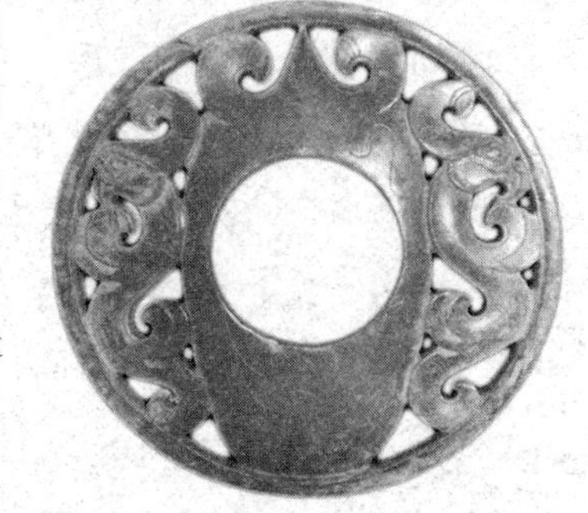

墨子之为人，在当时得到很高的评价。《孟子·尽心上》中说：“墨子兼爱，摩顶放踵利天下，为之”，对他“士志于道”十分赞扬。《庄子·天下》中说墨子“好学而博”，并且认为他是个以天下为己任、立志救民于水火之中的大好人，由衷地称赞“墨子真天下之好也，将求之不得也，虽枯槁不舍也，才士也夫”！

三、《墨子》其书

（一）《墨子》简介

《墨子》一书是墨子的弟子及其再传弟子对墨子言行的辑录。《墨子》由历代墨者薪尽火传，一再加工整理或集体创作而成，时间跨度从战国初至战国末，即公元前5世纪至公元前3世纪，决不可能成于一人之手，也非成于一时，因而其内容比较复杂。西汉时刘向把《墨子》整理成七十一篇，但六朝以后逐渐流失，现在所传的《道藏》本共五十三篇，佚十八篇。在佚失的十八篇中，有存目的是《节用》下篇，《节葬》上中篇，《明鬼》上下篇，《非乐》中下篇，《非儒》上中篇，共九篇。另佚失的九篇都是关于守城器械和方法的论述，清代朴学大师孙诒让考证其中六篇的篇目应是《备钩》《备冲》《备堙》《备空洞》《备犊辒》《备轩车》。

《墨子》内容广博，包括了政治、军事、哲学、伦理、逻辑、科技等方面，是研究墨子及其后学的重要史料。《墨子》分两大部分：一部分记载墨子言行，阐述墨子思想，主要反映了前期墨家的思想；另一部分《经上》《经下》《经说上》《经说下》《大取》《小取》等六篇，一般被称作《墨辩》或《墨经》，着重阐述墨家的认识论和逻辑思想，还包含许多自然科学如天文学、几何光学和静力学的内容，反映了后期墨家的思想。

据《墨子》可知，墨子思想从小生产者的利益出发，以"兴天下之利，除天下之害"作为衡量一切思想和行为的标准，有十条五类纲领，即《墨子·鲁问》所云："凡入国，必择务而从事焉。国家昏乱，则语之尚贤、尚同；国家贫，则语之节用、节葬；国家熹音湛湎，则语之非乐、非命；国家淫僻无礼，则语之尊天、事鬼；国家务夺侵凌，即语之兼爱、非攻。"

墨子提倡质朴和实用，故而《墨子》一书亦

是朴实无华，强调有切实的内容，以道理说服人，反对无益于实用的修饰与文采。中国古代严格意义上的论说文，当从《墨子》开始。但《墨子》因“非儒”而不见容于封建社会，加之部分内容诘屈聱牙，以致两千多年来，很少有人问津。直到近代，西方思想和研究方法传入，墨家在光学、数学、力学等自然科学的成就得以梳理，《墨子》才日益受到人们关注。

（二）《墨子》的内容

按内容划分，《墨子》一书可分五部分：

第一部分包括《亲士》《修身》《所染》《法仪》《七患》《辞过》《三辩》，共七篇，这部分为墨子早期著作，是其关于道德修养、人格完善、思想方法和社会思想的论文。梁启超、胡适曾以为“非墨家言，纯出伪托”（尤其认为前三篇是儒家学派著作），事实上，墨子早年曾“学儒者之业，受孔子之术”，所以受到儒家影响并不奇怪。然而，这一部分涉及墨家核心理论“兼爱”的“兼士”“兼君”已经提出，主张“君子必辩”也明显地与孔子的态度不同，可以视为墨家已与儒家分野。这部分内容相对比较混杂，如“修身”一词，为儒家之言，《所染》中的“染苍则苍，染黄则黄”疑是出于名家之性说；后四篇多尚贤、尚同、天志、节用、非乐理论，对后面各篇有提纲挈领的作用。

第二部分包括《尚贤》上中下篇、《尚同》上中下篇、《兼爱》上中下篇、《非攻》上中下篇、《节葬》下篇、《天志》上中下篇、《明鬼》下篇、《非乐》上篇、《非命》上中下篇、《非儒》下篇，共二十五篇。除了《非攻》上篇、《非儒》下篇之外，各篇皆有“子墨子曰”四字，可以认为这是墨子门弟所记的墨子之言，系统反映了墨子“尚贤”“尚同”“兼爱”“非攻”“节用”“节葬”“非乐”“天志”“明鬼”“非命”十大命题，是《墨子》一书的主体部分，代表墨家的主要政治思想和主张。每篇的上、中、下篇大同小异，其中上篇比较简略，而中、下篇的论证较为详备，可能是墨家后学由于抄

写、传授各有系统而各有所本，也可能是由墨子弟子在不同地点、不同时间听到老师的宣讲之后，再依据自己的理解加以整理而成。

第三部分包括《经》上下篇、《经说》上下篇、《大取》《小取》篇，共六篇。这部分被治墨者称为《墨辩》，亦称为《墨经》，专说名辩和时间、空间、物质结构、力学、光学、声学、代数、几何等内容，在自然科学理论方面，不仅提出一些自然科学定义性的语言，而且勾画出了堪称科学方法的一整套理论（英国著名科学史家李约瑟语）及其显示出的真正科学精神。此六篇难懂难译，古字词较多，辩理深奥，令人费解。前人因其称“经”，定为墨子自著，实为后期墨家作品，是研究墨家逻辑思想和科学技术成就的宝贵资料。

第四部分包括《耕柱》《贵义》《公孟》《鲁问》《公输》，共五篇。这部分体例与《论语》接近，为墨子弟子对墨子的言论行事的记录，内容涉及义礼、治国等多方面内容，是研究墨子事迹的第一手资料。

第五部分包括《备城门》《备高临》《备梯》《备水》《备突》《备穴》《备蛾傅》《迎敌祠》《旗帜》《号令》《杂守》，共十一篇。这部分可以视为墨家军事学著作，专讲各种守城技术和兵法的，涉及守城兵员安排、兵器使用、军工器械和战略攻御等各种战术，是研究墨家军事的学术史料。墨子提倡“非攻”，以守御为主，十一篇皆以守备之法为主题，故而这一部分和墨子的“非攻”的思想和止楚攻宋实行“非攻”的实践相一致。

四、墨家思想

墨家著作仅存《墨子》一书，因此，目前认识墨家思想只能从《墨子》中去探究。《墨子》一书不仅有丰富的哲学、政治思想，而且具有丰富的伦理、逻辑、军事、教育和科学思想。

（一）墨家的哲学思想

墨家在哲学和逻辑学方面的建树，是先秦其他诸子所无法比拟的。墨家的哲学和逻辑思想，在《墨经》中表现得淋漓尽致，特别是在立辞、归类、推理方面可谓独树一帜。墨家学者非常自负，如《大取》篇说："天下无人，子墨子之言也犹在。"《贵义》篇说："以其言非吾言者，是犹以卵投石也，尽天下之卵，其石犹是也，不可毁也。"

在哲学的贡献上，墨家主要表现在认识论方面。墨家以"耳目之实"的直接感觉经验为认识的唯一来源，认为判断事物的有与无，不能凭个人的臆想，而是要以大家所看到的和所听到的为依据。《墨子》写道："天下之所以察知有与无之道者，必以众之耳目之实，知有与亡（无）为仪者也。请惑闻之见之，则必以为有；莫闻莫见，则必以为无。"（《明鬼》下篇）墨家认为，人的知识来源可分为三个方面，即闻知、说知和亲知，闻知是传授得来的知识，说知是推论得来的知识，亲知是亲身经历得来的知识。墨家把闻知又分为传闻和亲闻两种，但不管是传闻或亲闻，在墨家看来都不应当是简单的接受，而必须消化并融会贯通，使之成为自己的知识。因此，墨家强调要"循所闻而得其义"，即在听闻、承受之后，加以思索、考察，以别人的知识作为基础，进而继承和发扬。墨家所说的"说知"，包含有推论、考察的意思，指由推论而得到的知识。墨家特别强调"闻所不知若已知，则两知之"，即由已知的知识去推知未知的知识。如已知火是热的，推知所有的火都是热的；圆可用圆规画出，推知所有的

圆都可用圆规度量。由此可见，墨家的闻知和说知不是消极简单的承受，而是蕴涵着积极的进取精神。

除闻知和说知外，墨家非常重视亲知，这也是墨家与先秦其他诸子的一个重大不同之处。墨家所说的亲知，乃是自身亲历所得到的知识。墨家把亲知的过程分为“虑”“接”“明”三个步骤。“虑”是指人的认识能力所处的求知的状态，即生心动念之始，以心取境，有所求索。但仅仅思虑却未必能得到知识，譬如张眼睨视外物，未必能认识到外物的真相。因而要“接”知，让眼、耳、鼻、舌、身等感觉器官去与外物相接触，以感知外物的外部性质和形状。而“接”知得到的仍然是很不完全的知识，它所得到的只能是事物的表观知识，且有些事物，如时间，是感官所不能感受到的。因此，人由感官得到的知识还是初步的、不完全的，还必须把得到的知识加以综合、整理、分析和推论，方能达到“明”知的境界。总之，墨家把知识来源的三个方面有机地联系在一起，在认识论领域中独树一帜。

墨家认为，要检验人们的认识正确与否，必须有一个共同标准，即言“必立仪”。为此，从朴素唯物主义经验论出发，墨家提出判断认识正确与否的三个标准——“三表”。“表”是标志、标准的意思。在《非命》上篇中说：“言必有三表。何谓三表？子墨子言曰：有本之者，有原之者，有用之者。于何本之？上本之于古者圣王之事。于何原之？下原察百姓耳目之实。于何用之？废（发）以为刑政，观其中国家百姓人民之利。”“上本之于古者圣王之事”，即以历史记载中前人的间接经验为依据；“下原察百姓耳目之实”，即以广大群众的直接感觉经验为依据；“废（发）以为刑政，观其中国家百姓人民之利”，即以某种言论主张在实施过程中所产生的社会效果是否符合国家、人民的利益为依据。墨家把“事”“实”“利”综合起来，以间接经验、直接经验和社会效果为准绳，努力排除个人的主观成见，将人们的直接经验和间接经验作为检验认识真理性的标准，这是有开拓意义的、十分杰出的唯物主义经验主义的认识论。它是荀子的“符验”、韩非的“参验”、王充的“效验”等

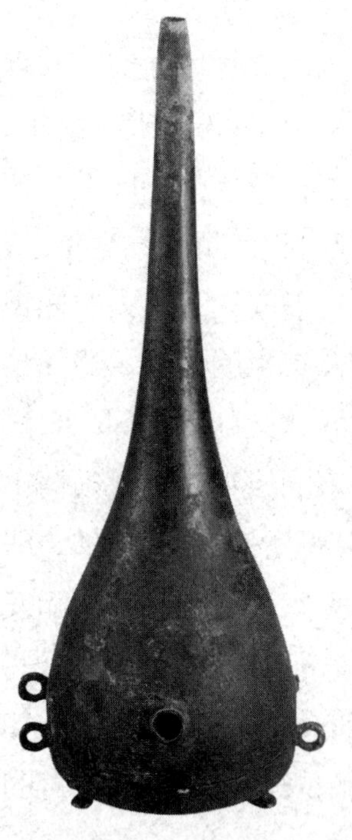

思想的先驱，对后世产生了重大影响。然而，墨家的认识论也有很大的局限性，他忽视理性认识的作用，片面强调感觉经验的真实性。

（二）墨家的逻辑学思想

墨家逻辑学又被称为辩学，“辩”的概念是《墨经》中一个重要的范畴。“辩”字在《墨经》中包含有辩论和思辨的意思。在《耕柱》篇中，墨子要求“能谈辩者谈辩”，并要求将“辩”作为一种专门知识来学习。他在反驳别人的观点时常说“子未察吾言之类，未明其故也”，并把“无故从有故”，即没有理由的服从有理由的作为辩论的原则。《墨经》已经明确制定了概念、判断、推理三种基本的逻辑思维形式，并阐明了它们之间的区别和联系，具体论述了概念的本质、划分和作用，说明墨家已经形成了一个由基本概念和范畴所构成，以思维形式和规律为对象、内容的逻辑学体系。

《小取》篇开宗明义就对逻辑学的研究对象、性质、作用作了系统的概括：“夫辩者，将以明是非之分，审治乱之纪，明同异之处，察名实之理，处利害，决嫌疑。焉摹略万物之然，论求群言之比。以名举实，以辞抒意，以说出故。”墨家把“辩”学视为“别同异，明是非”的思维法则，认为人们运用思维认识现实，作出的判断无非是“同”或“异”、“是”或“非”。为此，首先就必须建立判别同异、明是非的法则，以之作为衡量、判断的标准，合者为“是”，不合者为“非”。这种判断是“不可两不可”的，人们运用思维以认识事物，对同一事物作出的判断，或为“是”，或为“非”，二者必居其一，没有第三种可能存在，不可能二者都为“是”，或二者都为“非”，也不可能既“是”又“非”，或既“非”又“是”。由这一思维法则出发，墨家进而建立了一系列的思维方法。

墨家用“以名举实，以辞抒意，以说出故”概括地揭示了概念、判断、推理这三种思维的基本形式。墨家所说的“以名举实”的“名”就是概念。“实”就是客观事物及其本质属性。“举”，《经上》篇里说：“举，拟实也。告之以名，举彼实故也。”“拟”就是模拟、反映。这里明确地指出：概念并不是对事

物的直观描述或主观意会，而是一种客观的理性活动结果。通过明确概念的本质特征，墨辩学派就将判断推理建立在坚实的逻辑基础之上。

由概念的展开而进行判断就是“以辞抒意”。《墨经》认为，判断来源于客观事物，但主观认识对客观事物的认识是否符合、判断是否真实，还有待于逻辑验证。为此，墨家提出了对判断的要求：“名实耦”，即名与实相符。同时《墨经》还对判断应该具备的结构作了说明：“所谓，名也，所以谓，实也。”判断的主词表示对象，叫“所谓”，判断谓词说明对象，称作“所以谓”，其所体现的正是判断结构的客观基础。

《墨经》论证了“名”与“实”的关系，认为要根据事物的客观实际情况，给予相应的名称。《墨经》对名进行了分类，从外延上把名分为“达”“类”“私”三种。而从内涵上把概念区分为“以形貌命者”和“不以形貌命者”，前者是指实体概念和具体概念，后者是指属性概念和抽象概念。《墨子》中说：“瞽者不知黑白者，非以其名也，以其取也。……天下之君子不知仁者，非以其名也，亦以其取也。”（《贵义》）这就是说，盲人不知黑白，不是因为他不能说出黑白的名称，而是因为他无法分辨实际的物体哪是黑的、哪是白的。现在天下的君子都会称说“仁”之名，即使禹、汤也无法更改它。但把真正的仁之事和不仁之事放在一起，让天下君子们也无法分辨取舍。所以说，天下的君子不了解仁，不是因为他们不会使用“仁”这个概念，而是因为他们无法取舍仁与不仁之实。这就像盲人不能区别黑与白的颜色，不是因为他们不会说黑白的“名”，而是因为他们不会区别黑和白之“实”一样。因此，墨家认为“名”是根据“实”作出的一种判断，是“实”决定“名”，而不是“名”决定“实”，是客观实际决定意识形态，而不是意识形态决定客观实际，这实质上坚持了唯物主义的名实论。

对于“以说出故”的逻辑推理，《墨经》同样也有非常深刻的研究。《大取》篇曾对此加以概括说：“夫辞以故生，以理长，以类行者也。”在这里“故”是前提和结论之间的必然联系，即充足理由；“理”指推理所呈现的逻辑

手段，即推理形式；“类”指个别和一般之间的关系的推理历程，即推理的逻辑方法。在论及“说”（推理）的具体方式时，《墨经》分别提出“止、或、假、效、辟、侔、援、推”等诸种论式，并一一加以具体说明，同时又对“是而不然”“不是而然”等各种推理中的谬误作了明确的批驳。比如《小取》篇说：“且出门，非出门也；止且出门，止出门也。”将要出门并不是就出了门，阻止人将出门，就是阻止人出门，因为前后两者“此与彼同类”。如果将“止且出门”与“非止出门”混为一谈，用后者代替前者，就会混淆二者的类，从而得出一个错误的推理。由此可见《墨经》对逻辑推理的规则是有严格要求的。

综上所述，墨家认为思维的目的是要探求客观事物间的必然联系，以及探求反映这种必然联系的形式，并用“名”（概念）、“辞”（判断）、“说”（推理）表达出来。“以类取，以类予”，相当于现代逻辑学的类比，是一种重要的推理方法。此外，墨家还总结出了假言、直言、选言、演绎、归纳等多种推理方法，从而使墨家的辩学形成为一个有条不紊、系统分明的体系，在古代世界中别树一帜，与古代希腊的逻辑学、古代印度的因明学并立。

由于墨子的倡导和启蒙，墨家养成了重逻辑的传统，并由后期墨家建立了第一个中国古代逻辑学的体系。梁启超肯定了墨家逻辑学思想在世界逻辑史上的重要地位与科学价值，他认为墨家逻辑思想可与古希腊亚里士多德、英国培根与穆勒和印度陈那的学说相比较。胡适也曾高度评价墨家逻辑的历史成就和学术地位，说《墨经》的作者是“科学和逻辑的墨家”，“在整个中国思想史上，为中国贡献了逻辑方法的最系统的发达学说”。

（三）墨家的政治思想

墨家的政治思想宣传了“兼爱”“非攻”“尚贤”“尚同”“节用”“节葬”“非乐”等主张。其中“兼爱”是墨家的基本核心思想，其他“非攻”“节用”“节葬”“非乐”等主张，都是由此而派生出来的。墨子认为当时社会动乱的原因就在于人们不能兼爱。

“兼爱”即人与人之间实行普遍的、无差别的互相友爱，就是“视人之国，若其国；视人之家，若其家；视人之身，若视其身”，使彼此的利益兼而为一。墨子的“兼爱”其实是对儒家“仁”的改造，提倡“无差别的爱社会上一切人”。从“兼爱”出发，墨子还提出“非攻”，反对侵略和掠夺的不义战争；“尚贤”，尊重、重用贤人，即“官无常贵，民无终贱；有能则举之，无能则下之”；“尚同”，“选天下之贤可者，立为天子”，达成社会的统一；“节用”，节约财物，反对贵族的铺张浪费；“节葬”，反对儒家倡导的厚葬；“非乐”，反对当权贵族的“繁饰礼乐”和靡靡之音，认为音乐的盛行妨碍男耕女织；“非命”，明确反对儒家的“命定论”，认为“执有命是天下之大害”。具体来说，墨家的政治思想主要有以下内容：

1. 兼爱

墨家的核心思想是“兼爱”，认为“天下兼相爱则治，交相恶则乱”。“兼”字的本意是一手执二禾，引申为兼顾、兼有等。墨子将“兼”表达为整体、全体之意，“兼爱”即“尽爱”“周爱”，包含平等与博爱的意思。墨子要求君臣、父子、兄弟都要在平等的基础上相互友爱，“爱人若爱其身”，并认为社会上出现强劫弱、富侮贫、贵傲贱的现象，是因天下人不相爱所致。墨子把使天下人兼相爱、交相利作为治理天下之乱的方法，因为在他看来爱人、利人乃顺天意。“兼爱”可以使天下富而不贫，治而不乱，可以使君惠、臣忠、父慈、子孝、兄友、弟悌，万民大利。“兼爱”作为平民学派墨家的核心概念，在先秦时代已被其他学者公认为其思想的标志。《庄子·天下》说“墨子泛爱兼爱”，《孟子·滕文公下》也说“墨氏兼爱”，其他如《吕氏春秋·不二》与《尸子·广泽》也都标举“墨子贵兼”。

墨子认为，在当时“强之劫弱，众之暴寡，诈之谋愚，贵之傲贱，富之侮贫”的社会现实中，人民最大的问题是“饥者不得食”、“寒者不得衣”、“劳者不得息”，他称之为人民的“三患”（《非乐》上篇）。他所说的“人民”，主要是指“小农”而言。他又认为当时“王公大人”的政治要求是“国家之富”、

"人民之众"、"刑政之治"(《尚贤》上篇),他称之为"三务"(《节葬》下篇)。墨子一方面想要解决人民的"三患",一方面又想达到"王公大人"的"三务",想通过上说下教,在矛盾中找出一条出路,以解决当时社会上统治与被统治阶级间尖锐对立的矛盾。墨子的所有政治思想及其行动,都是为了实现这一点。

墨子认为要解决人民的"三患",首先大家要"兼相爱,交相利",有力的要用力助人,有财的要用财分人,有道的要用道教人,这样就可使"饥者得食,寒者得衣,劳者得息,乱者得治"。墨子明确说:"国家务夺侵凌,则语之兼爱非攻。"他分析道:"当(尝)察乱何自起,起不相爱。臣子之不孝君父,所谓乱也。……虽父之不慈子,兄之不慈弟,君之不慈臣,此亦天下之所谓乱也。……若使天下兼相爱,爱人若爱其身,犹有不孝者乎?视父、兄与君若其身,恶施不孝,犹有不慈者乎?视弟、子与臣若其身,恶施不慈,……犹有盗贼乎?(故)视人之室若其室,谁窃?视人身若其身,谁贼?……视人家若其家,谁乱?视人国若其国,谁攻?……故天下兼相爱则治,交相恶则乱。"(《兼爱》上篇)

墨子认为天下之"乱",起于人与人的不相爱,一方面是下层劳动者在艰辛的劳动中不能相互关心,不能以"兼爱"作为艰难物质生活中宝贵的精神慰藉;另一方面则是贵族统治者在穷奢极欲之际仍然在永不满足地攫取,甚至为了这种私欲不惜大规模地征战杀伐,造成天下大乱。墨子明确指出,这正是天下祸乱的根源:"今诸侯独知爱其国,不爱人之国,是以不惮举其国以攻人之国。今家主独知爱其家,不爱人之家,是以不惮举其家以篡人之家。今人独知爱其身,不爱人之身,是以不惮举其身以贼人之身。是故诸侯不相爱则必野战,家主不相爱则必相篡,人与人不相爱则必相贼,君臣不相爱则不惠忠,父子不相爱则不慈孝,兄弟不相爱则不和调。……凡天下祸篡怨恨,其所以起者,以不相爱生也。"(《兼爱》中篇)与此相伴,自私自利亦是乱世之因,如"亏父而自利""亏子而自利""亏兄而自利""亏弟而自利""亏君而自利""亏臣而自利""乱异家以利其家""攻异国

以利其国”等皆为自私自利之结果。

墨子据此认为，既然“不相爱”而“相贼”是天下祸乱的根源，那么对症的治疗方法当然就应该是反其道而行之：“视人之国若视其国，视人之家若视其家，视人之身若视其身。是故诸侯相爱则不野战，……父子相爱则慈孝，兄弟相爱则和调。天下之人皆相爱。强不劫弱，众不劫寡，富不侮贫，贵不敖贱，诈不欺愚。凡天下祸篡怨恨可使毋起者，以相爱生也。”墨子认为儒家的“爱有差等”是不对的，因而大力提倡“爱人犹己”。这就是说，要把别人看成自己，把别人的亲人看成自己的亲人；爱自己几分，爱别人也应有几分，爱自己的父母、兄弟、子女几分，爱别人的父母、兄弟、子女也应有几分；一视同仁，人人平等，分毫不差。墨子并不否定自爱，而是把自爱与相爱结合起来，兼爱包含人己双方：“爱人不外已，已在所爱之中。”墨子相信这种爱会形成一种良性的互动，“爱人者人必从而爱之，利人者人必从而利之”。假如天下人“兼相爱”，爱人若爱其身，那天下就太平了，就能实现和谐、富足。所以说，兼爱互利是为治之道，“今天下之士君子，忠实欲天下之富，而恶其贫；欲天下之治，而恶其乱，当兼相爱、交相利。此圣王之法，天下之治道也，不可不务为也”。因此，墨子认为凡符合“禁恶而劝爱”这一宗旨的就是“义”，义是天下的“大器”“良宝”，故而要“鼓而进于义”，为此，他不辞劳苦，“摩顶放踵利天下而为之”，并对当时统治者损人利己的行为进行了深刻的谴责。

在墨子看来，“兼爱”不仅在理论上是成立的，而且是圣王早已实行过的：“禹之征有苗也，非以求重富贵，干福禄，乐耳目也。以求兴天下之利，除天下之害。即此禹兼也。虽子墨子之所谓兼者，于禹求焉。”“文王之兼爱天下之博大也，譬之日月，兼照天下之无有私也。即此文王兼也。虽子墨子之所谓兼者，于文王取法焉。”（《兼爱》下篇）除了本于古圣贤之外，墨子的“兼爱”还有一个更高的理论依据，即本之于“天”。《天志》篇明确指出，“天”是“爱天下之百姓”的，“何以知其兼而爱之？以其兼而有之。何以知其兼而有之？以其兼而食之”。墨子认为，天不仅以阳光雨露滋养万物，而且赏善罚恶，公平无私，所以兼爱就是顺天之意。实际上，这种以天志面目出现的兼爱理论，反映的正是墨子作为平民思想家提出的“民志”。

墨子出身儒家，但终于否定了儒家。墨学的兼爱观与儒家的仁爱观相比，具有全新的意义。墨子认为，儒家“亲亲有术，尊贤有等，言亲疏尊卑之异”，这就是说，儒家的仁爱，有厚薄，有区别，有层次，集中表现在自己的家庭里，家庭里又有亲疏差异，其实最后的标准是看与自己关系的远近，因此核心还是自己。这样的爱，是自私之爱。墨子主张“兼爱”，也就是去除自私之心，爱他人就像爱自己。儒家的仁爱观念源于周礼所规定的“亲亲之杀，尊尊之等”。“亲亲之杀”强调以血缘关系为基础的人与人之间的亲疏关系，“尊尊之等”强调人与人在政治上的上下等级关系，而政治上的尊卑关系又依赖于血缘性的伦理关系。远近亲疏主要考虑血缘关系，贵贱则反映了当时的等级制度，这两者即宗法制的核心。这说明，儒家的仁爱是建立在宗法制度之上为统治阶级服务的等级之爱。而墨子主张“兼以易别”，即用兼爱的主张与儒家的别爱划清界限，把人从血缘性的关系中解脱出来，使其获得社会性存在的意义。在社会关系中，每个人在政治上都是独立的，都是以对等的身份存在着，这里面显然隐含着平等的意识。因此，在墨家看来，在平等的世界中，根本不必为了秩序来敬畏什么上层贵族，而需要敬畏的应是鬼神，鬼神让人们感到冥冥之中有一种督察之力，有一番报应手段，规范“兼爱”秩序。所以，孟子批评墨家说：“杨氏为我，是无君也；墨氏兼爱，是无父也，无父无君，是禽兽也。……杨墨之道不息，孔子之道不著，是邪说诬民，充塞仁义也。仁义充塞，则率兽食人，人将相食。”在孟子看来，“兼爱”有悖“孝悌”，阻塞“仁义”，是使“孔子之道不著”的主要障碍，是无异于“率兽食人”的一股祸水。然而，墨子不仅反对儒家的伦理道德，而且还对宗法制有怀疑和批判。这是一种相互的人道主义理想，是要求废除宗法制度，打破贵族政治，建立一种平等相爱的理想社会，无疑更具进步和民主意义。

众所周知，墨家的兼爱思想比之儒家的仁爱思想，历史最后选择了儒家，而墨家的兼爱思想只是如昙花一现，转瞬即逝。究其原因，

在于墨子的兼爱观念在春秋战国兵荒马乱、民不聊生的背景下，难以付诸实践。这也有悖于人性自私的自然事实，不符合人之常情。在历史还没有前进到一定程度的情况下，靠节约资源确立分配的优先秩序，靠选举贤明高尚的君主进行统治，违背了历史发展的规律。然而，墨子的兼爱理论，尤其是墨家光辉的实践不仅为中华民族树立了崇高的道德典范，而且显示了人类伟大的精神力量。英国著名历史学家汤因比与日本哲学家池田大作在对话时都高度评价了墨子的兼爱学说，池田大作认为墨子的爱，比孔子的爱更为现代人所需要。汤因比认为：把普遍的爱作为义务的墨子学说，对现代世界来说，更是恰当的主张，因为现代世界在技术上已经统一，但在感情方面还没有统一起来。只有普遍的爱，才是人类拯救自己的唯一希望。

2. 尚贤、尚同

墨子主张选拔贤人来管理政治，即“尚贤”。墨子反对贵族的世袭特权，主张“不别贫富、贵贱、远迩、亲疏”，“虽在农与工肆之人，有能则举之”，做到“官无常贵，而民无终贱”，使那些虽在“农与工肆之人，有能则举之，高予之爵，重予之禄”。墨子认为：“今者王公大人为政于国家者，皆欲国家之富，人民之众，刑政之治。然而不得富而得贫，不得众而得寡，不得治而得乱，则是本失其所欲，得其所恶。是其故何也？子墨子言曰：是在王公大人为政于国家者，不能以尚贤事能为政也。是故国有贤良之士众，则国家之治厚；贤良之士寡，则国家之治薄。故大人之务，将在于众贤而已。”这就是说，当今掌握国家政权的王公大人都希望国家富强、人口兴旺、刑法治国。但是，国家不但不富，反而贫穷；人口不但不兴旺，反而寡弱；国家政治不但无序，反而混乱。其原因就在于掌握国家政权的王公大人不能够崇尚和使用有贤能的人治理国家。所以，王公大人的当务之急，也就在于崇尚和使用有贤能的人治理国家。墨子站在“农与工肆之人”的立场，明确提出举贤必须打破世袭制，打破尊卑血缘

的局限，从而在中国政治史与思想史上作出了巨大的突破。

在墨子生活的时代，虽然已经有平民参政的例子，但政治现实的普遍通例仍然是世袭制。这种世袭的贵族政治自然也就产生了许许多多弊病，《尚贤》篇就曾直接批评过“面目姣好”而“无故富贵”的例子。正是针对这种政治弊病，墨子认为任用贤人而不是亲近之人是为政的根本，“得意贤士不可不举，不得意贤士不可不举，尚欲祖述尧、舜、禹、汤之道，将不可以不尚贤。夫尚贤者，政之本也”（《尚贤》）。这就是说，崇尚和使用有贤能的人治理国家是国家政治的根本。得志的国君不可不崇尚和使用有贤能良好的人，不得志的国君更不可不崇尚和使用有贤能的人。国君要遵循尧、舜、禹、汤的治国之道，那就不可不崇尚和使用有贤能的人治理国家。由此墨子举起了古代尚贤的光辉旗帜：“官无常贵而民无终贱。”这个口号集中反映了下层平民参政的要求，具有划时代的意义。

墨家不仅一般地提出了“尚贤”的主张，而且对其可操作性的相应政治权利义务作了明确的规定：“古者圣王之为政，列德而尚贤，虽在农与工肆之人，有能则举之，高予之爵，重予之禄，任之以事，断予之令，曰：‘爵位不高，则民弗敬；蓄禄不厚，则民不信；政令不断，则民不畏。’举三者授之贤者，非为贤赐也，欲其事之成。”从这种“欲其事之成”的角度出发，墨子还对各级官员的责、权、利作了明确规定：“以德就列，以官服事，以劳殿赏。”“以德就列”是对官员的道德才能的要求。墨子心目中的贤良之士，就是德行忠厚，道术渊博的德才兼备之人。他认为“贤良之士，厚乎德行，辩乎言谈，博乎道术者乎！此固国家之珍而社稷之佐也”。就是人要富有好的品行，做事要有利于人民，有利于兴利除害，要有很高的思想水平，能辨析事理，通晓治国的道理和方法。

墨家尚贤使能的用人原则，跟儒家基于血缘关系的“亲亲”用人原则是相对立的。它明确要求职位与才能要相称，而不是看他是否出身“富贵”，出于“公族”。而且越是高位，越需要高的标准，在其位必谋其政，尸位素餐是不行的。“不胜其任而处其位”只能是祸国殃民。“以官服事”则强调

权力不仅是一种地位，更是一种责任，而且墨家对“服事”有相当高的要求：“以裘褐为衣，以跂蹻为服”，“以绳墨自矫，而备事之急”，总之是损己利人，尽心尽力为百姓谋利。同时，“以劳殿赏”则力主奖罚分明，反对因人而富、因人而贵，无功受禄。墨家认为如果仅仅因为是“王公大人骨肉之亲”便“无故富贵”，那就只能造成国家之乱。

“尚同”是要求百姓与天子皆上同于天志，上下一心，实行义政。墨子主张选举天下最贤的人立为天子，“选择天下贤圣和辩慧之人，立为天子，使从事一同天下之义”，挨次选为三公、国君、卿、宰（将军、大夫）、乡长、里长等，所有的臣民都得绝对服从统治，从天子以下，一层层地有绝对的统治权，即“凡国之万民，上同乎天子，……天子之所是，必亦是之；天子之所非，必亦非之”。墨子认为“尚同”是行政管理之根本，只要为政者对人民“疾爱而使之，致信而持之，富贵以道其前，明罚以率其后”，举措适宜，就一定能统一全国上下的思想，实现民富国治。

墨子所主张的“尚同”，是为了统一奉行天赋的“法仪”。在他看来，当时“为君者众而仁者寡，若法其君，此法不仁也”。只有天子是选举出来的天下最贤的仁人，才能“同一天下之义”而把天下治理好。天子的行为是否合于天下之义，必须据其是否尚同于天。这就阻断了最高统治者自行又自断其政的可能性。“夫既尚同于天子，而未尚同乎天者，则天灾将犹未止也。故当若夫寒热不节，雪霜雨露不时，五谷不熟，六畜不遂，疾灾戾疫，飘风苦雨，荐臻而至者，此天之降罚也，将以罚下之人之不尚同于天者也。”如果只能尚同于天子，而不能尚同于天，就会遭到天的青黄不接、疾病和灾难泛滥等惩罚。这个学说，在春秋战国之际诸侯割据的局面下，起了巩固封建国家的作用。这种民上同于天子，天子上同于天的逐层上同的思想，也是墨子的宗教思想的表现，对后来的“天人感应”之说有一定影响。

3. 节用、节葬

节用，是指天子要节约民力，人民要勤俭持家，提倡节俭，反对奢侈。墨

子认为当时各国的统治者都不注意节俭，天下的财富差不多有一半被浪费掉了，如果能“去其无用之费”，天下之财就可以增加一倍。他指出，当时的王公贵族在衣服、饮食、宫室、舟车、丧葬诸方面都存在着严重的浪费现象。比如，穿衣本来是为了“适身体，和肌肤”，而王公贵族却一味追求豪华，“非为身体，皆为观好”，千方百计地置办“锦绣文彩靡曼之衣”，“铸金以为钩，珠玉以为佩”，“殚财劳力”，“毕归之于无用”；一顿饭往往要摆上几十个乃至上百个大盘小碗，布满一丈见方的桌面，“目不能遍视，手不能遍操，口不能遍味”；住房本来是为了避潮湿，御风寒，而王公贵族们则大造宫室，“台榭曲直之望，青黄刻镂之饰”，极尽豪华；交通工具，本来只要“全固坚利”，足以“任重致远”就可以了，但王公贵族纷纷“饰车以文彩，饰舟以刻镂”，征发大量的男女劳力，使得男不能耕稼，女不能纺织，导致百姓“饥寒并至”。所有这些都是“厚作敛于百姓，暴夺民衣食之财”。

墨子认为，“富贵者奢侈，孤寡者冻馁，虽欲不乱，不可得也”。贵族富豪穷奢极欲，必然厚敛于百姓，使百姓陷于饥寒，导致天下大乱。他主张，衣服只要“冬以圉（御）寒，夏以圉暑”即可，饮食、舟车、房舍等凡是生活所需的东西均应以实用为宜。墨子说：“费财劳力，不加利者，不为也。”又说：“用财不费，民德不劳。”（《节用》上篇）

墨子还主张节葬薄葬，认为厚葬有弊无利，害莫大焉。墨子对当时的统治者在丧葬方面大讲排场也十分不满，他说，“今王公大人有丧”，“棺椁必重，葬埋必厚，衣衾必多，丘垅必巨”，“诸侯死者，虚车库，然后金玉珠玑比乎身”，“车马藏乎圹，又必多为幄幕，鼎鼓几梃壶滥，戈剑羽旄齿革，寝而埋之”，“送死若徙”，将死者生前奢侈生活所需之物全部埋入地下，好像大搬家一样，而且要求子女亲人长期守丧，短则数月，长则数年。墨子认为这种“厚葬久丧”的所谓礼制不仅浪费社会财富，而且使男女隔离，影响生育，只能给社会造成大量浪费，使得“国家必贫，人民必寡，刑政必乱”。因此他主张革除这种陈俗旧礼，树立节用的风尚。墨子认为厚养薄葬，才是真正的孝道，凡是仁义、孝子之人都应该尽心尽

力使天下人贫穷的富有，寡少的众多，危险的安定，混乱的治理，因此四者是天下国家的大利。因此，墨子主张不分贵贱，一律用三寸厚的木板做棺材，不要殉葬的物品，反对三年之久的丧制，反对在丧葬期间“强不食而为饥，薄衣而为寒”弄到身体瘦弱，“扶而能起，杖而能行”这种毁坏身体的繁重仪式。此外，墨子强烈反对贵族的杀人殉葬制度，反对“天子杀殉，众者数百，寡者数十；将军大夫杀殉，众者数十，寡者数人”（《节葬》下篇）；还强烈反对通过战争掠夺人民为奴隶，指出当时大国攻伐“无罪之国”，在战场上杀人，并把俘虏作为“仆”“圉”“胥靡”“舂”“酋”（各种奴隶名称）是“不仁义”的（《天志》下篇）。

墨子还提出了增加财富和增加人口的方案。墨子重视劳动生产，认为人类和动物不同，人类必须从事耕织才能取得衣食之财，提出“赖其力者生，不赖其力者不生”的原则。不赖其力而生活，在墨子看来是不应该的，“不与其劳而获其实”是犯罪的，“亏人愈多，不义愈甚”。墨子还肯定劳动生产创造财富，说农夫“强乎耕稼树艺，多聚菽粟”，因为“彼以为强必富，不强必贫”。为了求得“人民之众”，墨子还主张“节畜私”（限制养很多的宫女）、“尚早婚”，主张男子 20 岁娶妻，女子 15 岁出嫁，也是为了“使各从事其所能”。

墨子在“节用”和“节葬”的主张中，对当时社会现实进行揭露和批判，要求统治者和被统治者的生活水平一律平等，这种主张自然是对广大人民有利的。虽然未被任何诸侯所采纳，但是客观上模糊了等级制度的界限，缩短了贵族世卿和劳动者之间的差距，是具有进步意义的。

4. 非乐、非命

墨子主张“非乐”，认为动人的音乐虽然好听，但不能解决广大人民最迫切的生活问题，听音乐不能当饭吃，不能当衣穿，所以应当反对。他说：“民有三患：饥者不得食，寒者不得衣，劳者不得息，三者民之巨患也。然即当为之撞巨钟、击鸣鼓、弹琴瑟、吹竽笙而扬干戚，民衣食之财将安可得乎？”（《非

乐》上篇）

墨子指出了王公大人欣赏音乐的害处，认为为了奏音乐，需动用万名演员表演，这些人年轻美貌，“食必粱肉，衣必文彩”，平常“不从事乎衣食之财”，而是手执盾牌、长矛、斧钺，跳武士舞，唱靡靡之音，并不能给社会增加半点财富。墨子进一步尖锐地指出：“上不厌其乐，下不堪其苦”乃是危害天下的巨大祸患。他指出：王公大人喜听音乐，就会不理朝政，致使国家昏乱；士君子喜听音乐，就不能尽大臣的职责；农夫好听音乐，则不能早出暮归，好好耕作，致使菽粟不足；妇女好听音乐，则不能夙兴夜寐，勤于纺织，致使布帛短缺。所以，“今天下士君子，请将欲求兴天下之利，除天下之害，当在乐之为物，将不可不禁而止也”。

墨子为了减轻小生产者和劳动者的负担，对王公大人的腐朽享乐生活提出抗议，是完全可以理解的。但墨子未把批评的矛头指向王公贵族利用音乐艺术加重了人民的负担上面，而是责怪音乐艺术本身，这就本末倒置了。这种观点是片面的。荀子曾说过“墨子蔽于用而不知文”，确实说中了墨子的片面性。

墨子还提出“非命”的主张，主张积极发挥人类自身的能力，不要坐等命运的支配。“非命”说也反对儒家所宣称的“死生有命，富贵在天”的命定论。墨子认为一个人富贵贫贱不是天生的，而是由于努力或不努力的结果；国家的治乱，不是命定的，而是君主努力或不努力的结果。墨子指出，占卜之士“命富则富，命贫则贫；命众则众，命寡则寡；命治则治，命乱则乱；命寿则寿，命夭则夭”的说法是错误的。

墨子认为国家的兴亡、个人的富贵贫贱不完全是命运的安排，而主要是靠主观的努力。墨子说：“昔桀之所乱，汤治之；纣之所乱，武王治之。当此之时，世不渝而民不易，上变政而民改俗。存乎桀、纣而天下乱，存乎汤、武而天下治。天下之治也，汤、武之力也；天下之乱也，桀、纣之罪也。若以此观之，夫安危治乱存乎上之为政也，则夫岂可谓有命哉？”（《非命》下篇）在这里，墨子提出统治者的主观努力对天下的治乱起着决定作用，给那些命定论者以沉重打击。同样，个人的富贵贫贱

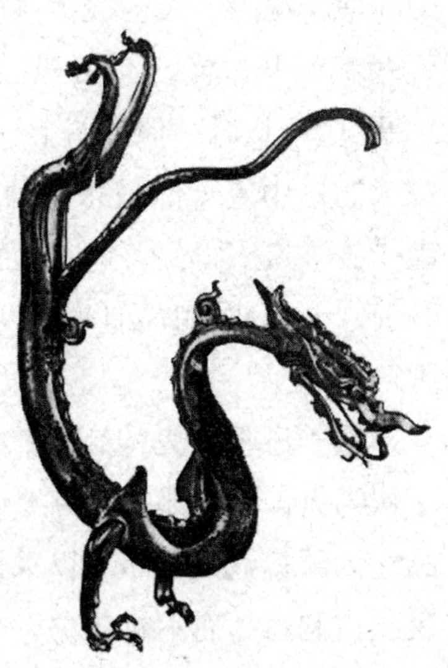

也系于每一个人的努力与否："强（努力）必治，不强必乱；强必宁，不强必危，……强必贵，不强必贱；强必荣，不强必辱，故不敢怠倦。……强必富，不强必贫；强必饱，不强必饥，……为强必富，不强必贫；强必暖，不强必寒，故不敢怠倦。"（《非命》下篇）墨子将劳动称为"从事"，认为只有"强从事"，才能财用足；"不强从事，则财用不足"。所谓"强从事"，即尽最大的努力，积极进行生产劳动，"农夫早出暮入，强乎耕稼树艺，多聚菽粟"；农妇"夙兴夜寐，强乎纺绩织纴，多治麻丝葛绪"；百工则要积极"修舟车为器皿"；商人则要"之四方"，不怕"关梁之难，盗贼之危"，只有大家强力从事各自的事业，国家才能富强，人民才能幸福。墨家的"非命"思想表达了古代劳动者力图摆脱传统天命思想束缚的愿望。

5. 天志、明鬼

墨子在反对"天命"的同时，又主张顺从"天志"。墨子把"天"看做是有意志的，是宇宙的主宰，但是他所说的天的意志，是经过他的改造，来为他的学说服务的。墨子认为，天的意志是"兼爱"的，主张"有力相营，有道相教，有财相分"的，反对"强之暴寡，诈之谋愚，贵之傲贱"的（《天志》中篇），因此他所说的"天志"，实质上是墨子所代表的那个学派的意志。他鼓吹："顺天意者，兼相爱，交相利，必得赏；反天意者，别相恶，交相贼，必得罚。"（《天志》上篇）他还说："天子为善，天能赏之；天子为暴，天能罚之。"（《天志》中篇）他是想借助这种宗教思想，说服当时的统治者实施他的学说。墨子还希望"人之有力相营，有道相教，有财相分也"。这样做的结果就是"刑政治，万民和，国家富，财用足，百姓皆得暖衣饱食，便宁无忧"（《天志》中篇）。

墨子还坚信鬼神其有，尤其认为鬼神对于人间君主或贵族会赏善罚暴。墨子认为鬼神专惩那些"吏治官府之不（正直）廉，男女之为无别者，鬼神见之；民之为淫暴寇乱盗贼，以兵刃毒药水火迓（迎接）无罪人乎道路，夺人车马衣裘以自利者，有鬼神见之"（《明鬼》下篇）。鬼神的赏罚，在墨子看来，鬼神

并不是专对那些小民的，鬼神对于那些有权有势的人也不例外。墨子说："鬼神之罚，不可为富贵众强、勇力强武、坚甲利兵，鬼神之罚必胜之。若以为不然，昔者夏王桀贵为天子，富有天下，上诟天侮鬼，下殃傲天下之万民，……故于此乎，天乃使汤至明罚焉。"（《明鬼》下篇）墨家提倡的"明鬼"不是盲目地崇拜鬼神，而是相信一种善恶的报应，这与"天志"的主张相连接，若违反天的意志，如大攻小、众欺寡、诈欺愚、壮夺老等所有违反道德的事，都会受到鬼神的惩罚。墨子宗教哲学中这种天赋人权与制约君主的思想，是墨子思想中的一大亮点。

（四）墨家的军事思想

在墨家整个思想体系中，军事思想占有重要位置。墨家极力反对侵略战争和兼并战争，力主并实践防御，即用防御战争反对侵略战争，实现"武装和平"。

1. 非攻

"非攻"是墨子"兼爱"思想的引申与扩大。墨子认为，古者万国，绝大多数在攻战中消亡殆尽，只有极少数国家幸存。这就好比医生医了上万人，仅仅有几人痊愈，这个医生不配被称为良医，战争同样不是治病良方。因此，墨子主张，以德义服天下，以兼爱来消弭祸乱。如果"天下之人皆相爱"，就应该"强不执弱，众不劫寡"，大国就不应对小国进行征伐。

墨子生活的时代，正是春秋战国时期，争霸战争接连不断，大国争相拓土开疆，掠夺兼并，战争频仍。《春秋》所记载的二百四十二年间，就发生了三百多次战争，结果灭者三十，迁者十，弑君三十六，亡国五十二。墨子看到，国与国之间的互相攻伐，特别是"好战大国"进行掠夺战争，给劳动人民带来了巨大的灾难。其一是贻误农时，破坏生产，"春则废民耕稼树艺，秋则废民获敛"，使"百姓饥饿而死者，不可胜数"。其二是耗费巨大，"今尝计军出：竹箭、羽旄、幄幕、甲盾、拨劫，往而靡弊腑冷不反者，不可胜数。又与矛、戟、

戈、剑、乘车，其列住碎折靡弊而不反者，不可胜数”。其三是“非其所有而取”，是“亏人自利”的强盗行径。窃入桃李，抢人犬豕鸡豚、牛马，杀人越货者，“谓之不义”，攻小国，“入其沟境，刈其庄稼，斩其树木”，“窃一国一都”，比偷盗可恶千百倍，更是“不与其劳就其实，以非其所有而取”的不义行为，自然应该反对和制止。其四是残害无辜，掠民为奴，“民之格者，则径杀之。不格者，则系操而归。丈夫以为仆、圉、胥、靡，妇人以为舂、酋”（仆、圉、胥、靡、舂、酋是指做不同工作的奴隶）。其五是“国家失卒，百姓易务”，国家丧失了劳动力，人民不能从事本业。当时土地较多，人民稀少，而每次战争都是“大兵如市，人死如林”，墨子认为这是“杀所不足”“争所有余”的愚蠢行为，不断进行这种攻伐战争，“此实天下之巨害也”。

墨子进一步从法的角度指出了战争的不义：“杀一人，谓之不义，必有一死罪矣。若以此说往，杀十人，十重不义，必有十死罪矣。杀百人，百重不义，必有百死罪矣。当此天下之君子，皆知而非之，谓之不义。今至大为不义攻国，则不知非，从而誉之，谓之义。”这就根本颠倒了是非黑白。而那些“好攻伐之君，不知此为不仁不义”，反而打着为天下兴义的旗号，自称“文、武之为正者”，实际上却是干着“以水火、毒药、兵刃以相贼害”的罪恶勾当，这正是“天下之大害”。

墨子并不是天真的理想主义者，他不是一概地反对一切战争。墨子以是否兼爱为准绳，把战争严格区分为“诛”（诛无道）和“攻”（攻无罪），即正义与非正义两类。“兼爱天下之百姓”的战争，如禹攻三苗、商汤伐桀、武王伐纣，是上中（符合）天之利、中中鬼之利、下中人之利的，因而有天命指示，有鬼神的帮助，是正义战争。反之，大攻下，强凌弱，众暴寡，“兼恶天下之百姓”的战争，是非正义的。墨子主张非攻，支持防守、诛讨的正义之战，反对当时的“大则攻小也，强则侮弱也，众则贼寡也，诈则欺愚也，贵则傲贱也，

富则骄贫也”的掠夺性战争。为了避免战争，维护和平，墨子还以“兼爱”为根据，提出了一个“七不”准则，即“大不攻小也，强不侮弱也，众不贼寡也，诈不欺愚也，贵不傲贱也，富不骄贫也，壮不夺老也”。墨家还主张受侵略的弱小国家不应该束手待毙，而应该全民动员奋起反抗。

2. 救守

为了制止战争，实现非攻，墨子提出了“救守”的主张，认为有备无患，忘战必危，“备者，国之重也”，其中主要包括三方面的内容：“食者，国之宝也，兵者，国之爪也，城者，所以自守也。此三者，国之具也。”（《七患》）一个国家只有做到“入守则固，出诛则强”，才能立于不败之地，有效地保卫人民的生命财产。为此，墨子及其弟子精心研究守御之法，以积极防御制止以大攻小的侵略战争。这些研究防御作战的论述，集中在《备城门》以下十一篇，形成了一个以城池防守为核心的防御理论体系，在我国的军事史上作出了独特的贡献。

由于墨子把国家防御看做是关系到国家安危祸福的战略问题，墨子倡导积极准备，力争做到有备无患。“故仓无备粟，不可以待凶饥；库无备兵，虽有义不能征无义；城廓不备全，不可以自守；必无备虑，不可以应卒。”即仓中无存粮，就不能防备凶年饥荒；库中无武器，即使是自己有义也不能去讨伐无义；内外城池若修得不完备，就不能自卫；思想上没有戒备，就不能应付突发的变故。只有在战前进行后勤、城防、军备、外交、内政等物质和精神上诸方面的充分准备，才能造成守城防御战斗中的有利条件和主动地位，赢得防御作战的胜利。

墨家的“守围城之法”相当广泛、具体，涉及到城防建筑、兵力配置、战术策略、守城器具、机械技术的应用等多方面内容，并提出了一整套防御作战战术原则。《备城门》等篇，墨子通过禽滑厘的询问，针对临（筑土山居高临下攻城）、钩（以钩索搭墙爬上攻城）、冲（以冲车攻城）、梯（置云梯登城攻击）、湮（填塞护城河攻城）、水（放水淹城）、穴（挖坑道入城）、突（偷袭和突击）、空洞

（在城墙上挖洞）、蚁附（组成密集队伍轮番爬城攻击）、轒辒（采用生牛皮防护的攻城装备）、轩车（使用登高攻城的楼车）等12种攻城方法的不同特点，提出了一整套具有针对性的防御措施和方法，并详细解说守城器械的制作方法、使用技巧等。不过，墨子认为，器械、战术等只是守城的充分条件，要做好防御，守城将领还要取得国君的信任。“且守者虽善，而君不用之，则犹若不可以守也。若君用之守者，又必能乎守者，不能而君用之，则犹若不可以守也。然则守者必善而君尊用之，然后可以守也。”同时，官吏和民众必须相互和睦，“凡守围城之法，厚以高，壕池深以广，楼撕𢷾，守备缮利，薪食足以支三月以上，人众以选，吏民和，大臣有功劳于上者多，主信以义，万民乐之无穷。不然，父母坟墓在焉；不然，山林草泽之饶足利；不然，地形之难攻而易守也；不然，则有深怨于适而有大功于上；不然，则赏明可信而罚严足畏也”。具备以上条件，民众就不会怀疑君主，这样城池才可以守住。

在《备城门》《备蚁附》《备水》《备穴》《备蛾》《迎敌祠》《杂守》等篇中，墨子还详细介绍和阐述了城门的悬门结构、城门和城内外各种防御设施的构造，如城头报警措施、壕池设防、活动吊桥、城门防守等；各种攻守器械的制造工艺，如连弩之车、掷车、转射机、冲车、云梯、钩梯、渠答、蓝获、藉幕、朝戈、火炬等，几乎涵盖了所有的冷兵器时代的攻守技术。此外，还高度重视水道和地道的构筑技术，将所守的城池，进城的道路、城门、护城河、城墙、城楼、地穴道等要害部位全部武装起来，形成空中、桥梁、道路、水面、地下立体全方位防御体系。

值得一提的是，墨家的救守并不只停留在理论上，为了制止战争、保卫和平，墨子和他的弟子们奔走于即将开战的国家之间，积极参与各种守城机械、设施的设计与建造，并不惜冒着生命危险去亲自说服攻战的诸侯，止楚攻宋就是生动的例子。

（五）墨家的科学思想

墨家的科学思想主要体现在墨家后学所著的《墨经》中，即《经》上下篇、《经说》上下篇、《大取》篇和《小取》篇。《墨经》是一部内容丰富、结构严谨的科学著作。书中不仅涉及到认识论、逻辑学、经济学等社会科学范畴的广阔内容，还包含有时间、空间、物质结构、力学、光学和几何学等自然科学方面的多种知识，其中有些问题阐述严密，说理透彻，立论准确，具有十分重要的科学价值。

1. 科学思想

（1）关于物质构成和运动的学说

墨家认为，宇宙间的万物是由人体器官所能感觉到的不可分割的物质粒子构成的，物质粒子根据不同的组织结合方式组成世界上各式各样的物体。他们把物质粒子叫做“端”，说：“端，是无间也。”（《经说》下篇），“无间”就是说不可再分割。《经》下篇说：“非半，弗斫则不动，说在端。”斫，斫断、分割的意思。“非半，弗斫则不动”，是说“端”是最小的物质粒子，没有内部结构，已不是两个半部所构成，有着“非半”的特性，因此不可能再分割（“弗斫”），所以不可能加以分裂变动。墨家认为万物由物质粒子经过“有间”（有空隙的组织结合）、“盈”（相互充满的组织结合）、“撄”（相接触连结的组织结合）、“仳”（不规则的组织结合）、“次”（有秩序的组织结合）五种不同的组织结合方式而构成，其中最重要的组织结合方式是“盈”，即相互充满的组织结合方式，可以由此累积起来构成有厚度的体积。不过这种假设只是直接观察的感性认识，缺乏可靠的科学依据。

同时，墨家认为宇宙又是一个连续的整体，整体又是由个体所构成，整体与个体之间有着必然的有机联系。从这一连续的宇宙观出发，墨家进而建立了关于时空的理论。他们把空间称为“宇”，把时间称为“久”（即

“宙”)，即“久”为包括古今旦暮的一切时间，“宇”为包括东西南北中的一切空间，时间和空间都是连续不间断的。《经》上篇说：“久，弥异时也。宇，弥异所也。穷，或（域）有前不容尺也。……尽，莫不然也。”《经说》上篇解释道：“久：古今旦莫（暮）。宇：东西家南北。穷，或不容尺，有穷；莫不容尺，无穷也。尽：俱止动。”这就是说，时空既是有穷的，又是无穷的。对于整体来说，时空是无穷的，而对于部分来说，时空则是有穷的。

墨家认为“久”是由物质的运动而形成的，并把物质的运动分为“化”（本质未变而外表已变）、“损”（一部分物质从整体分离了去）、“益”（另外有物质附加到原来的物体上去）、“儇”（循环旋转的运动方式）、“库”（在一个空间内物体的更换）、“动”（一件物体所处的空间移动）六种方式。《经》上篇说：“始，当时也。……化，征易也。……损，偏去也。……儇（环），俱柢。库，易也。动，或（域）徙也。止，以（已）久也。必，不已也。”

墨家对运动和静止下了定义，“始”是运动的开始，“止”是运动的停止，“以久”是说停留一些时刻，认为停止是指一个运动中的物体在某一位置上停留一些时刻。“必”是说坚持不停，“不已”是不停止，认为不停止是指一个运动的长期坚持不停。墨家认为，时间和物质运动不可分割，没有时间先后和位置远近的变化，也就无所谓运动，离开时空的单纯运动是不存在的。这种看法具有朴素的辩证观点。

(2) 数学思想

在数学方面，《墨经》提出了一些几何学的定义，这些命题和定义都具有高度的抽象性和严密性。例如《墨经》中记载“平，同高也”，说的是平的定义，指出高低相同就是平；“直，相参也”，这里参就是三，三点共一线就是直，这是直线的定义；“同长，以正相尽也”，就是说两个物体的长度相互比较，正好一一对应，完全相等；“中，同长也”，说的是形体的对称中心的定

义，也就是物体的中心为与物体表面距离都相等的点。

特别指出的是，墨家还对圆作出过正确定义："圆，一中同长也。"这与近代数学中圆的定义，即"对中心一点等距离的点的轨迹"是完全一致的。以上种种，表示我国在战国时期就已经产生了理论几何学的萌芽。此外，墨家还对十进位值制进行了论述。

(3) 物理学思想

墨家关于物理学的研究涉及到力学、光学、声学等分支，给出了不少物理学概念的定义，并有不少重大的发现，总结出了一些重要的物理学定理。

墨家给出了力的定义，说："力，刑（形）之所以奋也。"（《墨经》上篇）也就是说，力是使物体运动的原因，即使物体运动的作用叫做力。墨家还提出了机械运动的正确定义："动，域徙也。"意思是说：机械运动的本质是物体位置的移动，这与现代机械运动的定义完全一致。墨家还对浮力进行了探索，"刑（形）之大，其沉浅也，说在衡"。意思是说，形体大的物体，在水中沉下的部分浅，是因为物体重量被水的浮力平衡的缘故。墨家学派掌握杠杆原理比阿基米德早了两个世纪。墨家指出，称重物时秤杆之所以会平衡，原因是"本"短"标"长。用现代的科学语言来说，"本"即为重臂，"标"即为力臂，写成力学公式就是力 × 力臂（"标"）= 重 × 重臂（"本"）。

在光学史上，墨家是首次进行光学实验，并对几何光学进行系统研究的科学家。《经说》下篇记载过墨家后学的光学实验："景光之人煦若射，下者之入也高，高者之入也下。足蔽下光，故成影于上。首蔽上光，故成影于下。在远近、有端，映于光，故影库内也。"这段记载的是中国科学史上第一次对小孔成像原理的光学实验：在一个黑暗的小屋（"库"即窟，指黑暗的房屋或暗屏）墙上开一个小孔，一个人站在屋外，在阳光照射下，屋内便在相对应的墙上出现一个倒立的人影。这是由于光线穿过小孔像射箭一样（光之入煦若射），是直线传播的。但人的足部遮住下面来的光，成影却在上面（"足蔽下光，故成影于上"），人的头部遮住上面射来的光，影子却在下边（"首蔽上光，故成影于下"）。这样便构成了倒影。这是我国

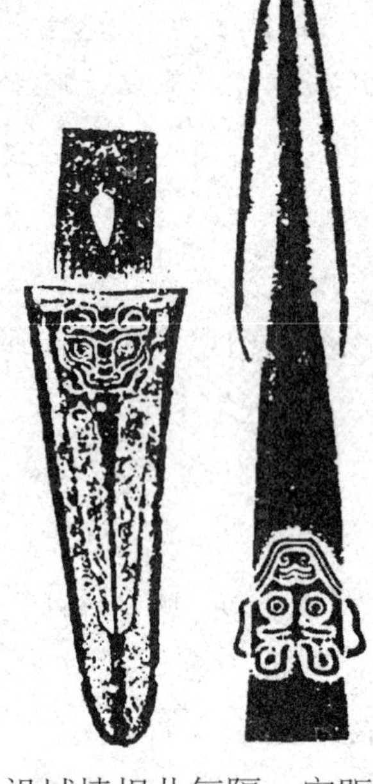

对光沿直线传播的第一次科学解释。

特别可贵的是，墨子对平面镜、凹面镜、凸面镜等进行了相当系统的研究，得出了几何光学的一系列基本原理。《墨经》上说："在远近有端与于光，故景瘴内也。"在《墨经》中"景"就是"影"，"内"就是"纳"，也就是聚集在一点的意思。在《墨经》中常称焦点为"正"或"内"。这是关于光在透镜或在凹面镜之前会聚焦的理论的记载。《墨经》还记载了墨家已经知道凹面镜成倒实像的现象，《墨经》上说："临镜而立，景到。"意思是说，物体经过凹面镜的反射，所成的影像是倒的。

据《备穴》篇中记述，在当时人们为防御敌人攻城，设计了一种地下声源探测装置，其工作原理为：沿城墙根儿每隔一定距离挖一口井，大约两尺深，然后在井下放置一个容量为七八十升的陶瓮，瓮口蒙上皮革，作为地下共鸣箱，让听觉灵敏的人伏在瓮口仔细听，以监知敌方是否在挖地道，地道挖于何方，而做好御敌的准备。这使用的就是"共振"原理，蕴涵丰富的科学内涵。

2. 评价

墨家的科学思想以及科学技术活动，并非有意为之，其出发点和落脚点都是要为施展和实现其政治抱负、道德理想服务的，科学技术研究并不是他们的人生目的，而是服务于其各项社会政治主张的，只是他们追求"兼爱""尚贤""非攻"的大同社会的一种手段。然而，理性的科学思辨使墨家从实践上升到理论，归纳出一系列的科学概念，提炼出有一定严密性的经验公式和科学命题，概括地反映出某一方面规律的一般原理，从而在科学上形成了科学方法的一套完整的理论。

清末著名学者俞樾说："近世西学中，光学、重学，或言皆出于墨子，然则其备梯、备突、备穴诸法，或即泰西机器之权舆乎。"英国科学技术史家李约瑟高度评价了墨家的科技理论的成就："完全信赖人类理性的墨家，明确地奠定了在亚洲可以成为自然科学的基本概念的东西"，"它的具体细节并不十分重要，更重要的是这样一个广泛的事实：即它们勾画出了堪称之为科学方法的一

套完整的理论。”总之，《墨经》在古典哲学和自然科学著作中是一部不可多得的珍品，代表着战国时期中华科学发展的一个最高峰，是我国科学发展史上的一座里程碑。

(六) 墨家的教育思想

教育家蔡元培先生曾说：“先秦唯墨子颇治科学。”墨子是继孔子之后广招门徒、大办教育并有卓越成就的教育家，墨子以锲而不舍的精神倡而为学，传道设教，门生弟子遍及天下，其教育思想很有特色。今天，墨子的教育思想，尤其是在自然科学知识的传授和劳动技能的训练方面，对当代教育发展具有很大的借鉴意义。

1. 教育的目的

墨子对他当时生活的现实极为不满，他认为社会上普遍存在的贫富差异是根本不合理的，强凌弱、众劫寡、富侮贫、贵傲贱、诈欺愚等普遍现象都是违背正义原则的。为了改变这种不合理的现状，“兴天下之利，除天下之害”，必须从多方面入手，而教育就是一个重要的手段。因此墨子主张“有力者疾以助人，有财者勉以分人，有道者劝以教人”（《尚贤》篇），以此建立一个人人平等、互助兼爱的理想社会。由这一思想出发，墨子提出了教育的目标：培养理想的人——“兼士”。

“兼士”又称为“贤士”，是墨子理想社会的中坚力量。墨子认为，兼士、兼君为天下人所取，且先圣六王亲行之，而兼爱可行。“兼士”是与“别士”相对的。“别士”在墨家看来是天下的大害，他们的行为是“交相恶”，而不是“兼相爱”，这种人的处事准则是：“吾岂能为吾友之身，若为吾身；为吾友之亲，若为吾亲。是故退睹其友，饥即不食，寒即不衣，疾病不侍养，死丧不埋葬。”总之是只顾自己，不顾他人，甚至是损人利己。而“兼士”则与他们完全相反：这样的人以“为天下兴利除害”为己任，“必为其友之身若为其身，为其友之亲若为其亲”，不分彼此、亲疏、贵贱，都能做到“饥即食之，寒即衣之，疾病侍养之，死丧葬埋之”。而在必要时能够

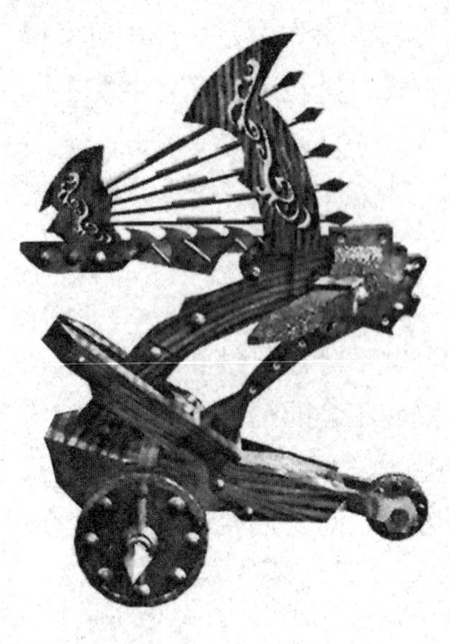

毫不犹豫地损己以利人，“为身之所恶，成人之所急”。

墨子认为，作为“兼士”，必须“厚乎德行，辩乎言谈，博乎道术”。墨子对德行尤为重视，以《修身》专篇进行讨论，提出了对“兼士”道德训练的全面要求：“志不强者智不达，言不信者行不果。据财不能以分人者，不足与友；守道不笃、遍（通“辨”）物不博、辩是非不察者，不足与游。本不固者末必几，雄不修者其后必惰。原浊者流不清，行不信者名必耗。名不徒生，而誉不自长。功成名遂，名誉不可虚假，反之身者也。务言而缓行，虽辩必不听；多力而伐功，虽劳必不图。慧者心辩而不繁说，多力而不伐功，此以名誉扬天下。”总之，一个兼士在任何情况下都应该恪守道义，“贫则见廉，富则见义，生则见爱，死则见哀”。

2. 教学理论

（1）注重实践

墨子告诫弟子要身体力行，认为“士虽有学，而行为本焉”，“政者，口言之，身必行之”。又说“本不固者末必几，雄而不修者其后必惰”，认为即使是一个意志比较强的人，也要不断地加强锻炼。否则，他也会产生惰性，使意志衰退。因此，墨子以身作则，带领弟子日夜奔走，以解天下倒悬之苦，其弟子如禽滑厘也进行过意志锻炼：“禽滑厘子事子墨子三年，手足胼胝，面目黧黑，役身给使，不敢问欲。”

在教学过程中，墨子更加注重实践。墨子重视培养懂军事科技的人才，创造性地把在军事实践中获得的知识与科技经验融入到教学体系之中，增加了许多与军事实践相结合的教学内容。另外，墨子还在科学研究活动中引入了实验环节，以帮助学生更好地理解所学到的知识，以上可以从《备城门》《备蚁附》《备水》《备穴》等篇和《墨经》中看出。现代学者胡适说：“墨家论知识，注重经验，注重推论。看墨辩中论光学和理学的诸条，可见墨家学者真能做许多实地试验。这是真正科学的精神，是墨学的贡献。”

(2) 因材施教

墨子依据弟子不同资质和将来从事的不同工作而教以不同的学习方法。他教弟子“能谈辩者谈辩，能说书者说书，能从事者从事”，“谈辩者”以游说诸侯、出仕为官为教学内容，墨子教之“揣曲直”，即强调弟子分析和感悟能力的提高，以培养将来在面对纷纭复杂的政治形势时处理各类棘手问题。“说书者”即“思虑徇通”之人，可以推行墨家学说，授课时墨子十分强调让他们向文献典籍学习，《贵义》篇载：“古之圣王，欲传其道于后世，是故书之竹帛，镂之金石，传遗后世子孙，欲后世子孙法之也。今闻先王之遗而不为，是废先王之传也。”“从事者”指从事工匠技艺或守城保卫等体力劳动的弟子，他们皆出身于下层，先前没有从学的身份资格和习惯，故而墨子劝他们学习时说：“吾族人无学者”，在授课时，授以“为方以矩，为圆以规，平以水，直以绳，正以县”五种技艺和“射”等军事技艺。值得一提的是，墨子教育的内容非常广泛，具体可分为：天文、地理、德育、游说、外交、逻辑、政治、经济、伦理、法制、自然科学、农业、工业、商业、应用技术、军事工程、兵器、射箭、体育、军事训练等方面，师者博学，为因材施教提供了可能。

（七）重视环境对教育的影响

墨子强调社会的政治、经济、文化等大环境对于人的影响和作用。他说：“故时年岁善，则民仁且良；时年岁凶，则民吝且恶。”也就是说，人生于乱世与盛世，会影响到人的思想观念、道德品质和心理品质。墨子把人的本性比作“素丝”，“染于苍则苍，染于黄则黄，所入者变，其色亦变。五入必，而已则为五色矣。故染不可不慎也。非独染丝然也，国亦有染。……非独国有染也，士亦有染”。墨子认为社会上那些作乱的恶人并非天生就是坏的，而是沾染了坏习气的结果：“夏桀染于干辛、推哆，殷纣染于崇侯、恶来，厉王染于厉公长父、荣夷终，幽王染于傅公夷、蔡公谷。此四王者所染不当，故国残身死，为天下戮。”在墨子看来，先天的人性就像待染的“素丝”一样，有什么样的环境与教育，就能造就什么样的人。

五、墨家与侠

墨家与侠之关系，源远流长，有解不开的缘。春秋战国时期，尚武、养士之风盛行。历史上著名的孟尝君、平原君、信陵君、春申君等人府中食客数千，其实，食客就是所谓的“士”。士分文士和剑士。文士即谋士，剑士即武士。先秦之侠，是较为纯粹的武士；墨家亦以武士团体为基本组织方式，墨子本人及禽滑厘、孟胜、田襄子等人，都曾是集团的首领，称为“巨子”。墨家门徒有义务对巨子绝对服从，《庄子》载：“以巨子为圣人，皆愿为之尸。”巨子由上代巨子指定产生，代代相传，其相承制度的理论基础是墨子的尚贤思想，墨家巨子孟胜以身殉义前说：“我将属巨子于宋之田襄子，田襄子贤者也，何患墨者之绝世也！”说明在墨家内部是以举贤继任的方法来解决墨家领袖的继承问题的。

墨子是第一代巨子，他以自己的品格、道德力量和领袖地位对墨家弟子具有很大的约束力和威慑力。墨家的部众，被外派的弟子离开所在诸侯国时要回集团报告，从而得到许可，成员从事各种活动的收入和外派为官弟子的收入都要上缴集团，由墨子（墨子死后由巨子）统一掌握，统筹使用，而“墨子服役者百八十人，皆可使赴火蹈刃，死不旋踵”（《淮南子·泰族训》）。由此可见，墨家的团体，与游侠形式中的山寨、帮派等团体之侠相似；而墨家思想中的“兼相爱，自苦以为义”、仗义而为，赖力自强以及“兴天下之利，除天下之害”等内容与侠义精神也是相通的。随着墨家学说的急速消失，墨家学派一部分人也成为隐

匿民间的“游侠”，墨家的许多思想方法和行为方式，都在游侠的天地里绵延不绝地延续了下来。

（一）墨家行动与侠

墨家的所作所为与侠义精神是相通的，止楚攻宋是墨家对“义”做的最好的诠释。墨家拥有精英的救援团队，在遇到霸权的侵凌跋扈时，他们以实际行动救助弱小者。《墨子·公输》篇记载，楚惠王年间，公输盘帮楚国造云梯准备攻打宋国。墨子听到这一消息，从齐国起程，日夜不停，历经十天，奔走千里，裂裳裹足，赶到楚国见公输盘和楚王，阻止其攻宋。墨子先与公输盘论辩，以兼爱非攻之理折服公输盘，再见楚王阐述兼爱非攻之说。楚王不听，墨子就让公输盘为攻，自己为守，演示战争。公输盘用九种方式攻城，都被墨子瓦解，公输盘用完全部攻城机械，而墨子的守城器械却仍有余。

公输盘欲杀墨子以绝其患，但墨子有备无患，告知楚王和公输盘，自己的弟子禽滑厘等三百人已持自己制造的守城器械，在宋城上严阵以待。这样，楚王才被迫放弃攻宋的企图。当时楚是大国，宋是小国，可以想象，楚国如果攻打宋的话，宋肯定会遭受灭国之灾，肯定是生灵涂炭，血流千里。墨子以一己之力，直言说楚，不但体现他胆识过人，而且还表现了他为了大义而不顾个人生死的英雄气概。这种为国为民的精神正是任侠精神的体现。

墨子之后，墨家巨子孟胜信诺守义死守楚国阳城君的封地，也是墨者侠义思想的体现。墨家救危济困、轻命重气、勇于牺牲的品格，与奋不顾身、舍生取义的侠的行为和作风是一脉相承的。

（二）墨家思想与侠

墨家与侠在思想上的联系，同样也十分紧密。墨家主张

"兼爱"和"非攻"，即主张平等地爱众生而反对不义之战，"兼爱"包含着平等待人和消除暴力的努力，包含着对强凌弱、众暴寡的指责，包含着"以杀止杀"的"非攻"主张。墨家门人以"兴天下之大利，除天下之大害"为己任，走的是平时节用节俭、参与劳动、储备能力、反对暴政和不义之战并慷慨赴死的"千里独行不归路"。以"兼爱"这种团体的共识为基础，墨子极力宣扬兼爱学说，认为天下的每个人都应该同等地、无差别地爱别的一切人。这和侠的朋友义气及其扩而大之的路见不平的侠义品质颇为相似，"兼爱"正是游侠职业道德的逻辑的延伸。这种道德，就是在侠者的团体内"有福同享，有祸同当"。

同时，墨子主张："有力者疾以助人，有财者勉以分人，有道者劝以教人。若此则饥者得食，寒者得衣，乱者得治。"（《尚贤》）墨家具有这种悲天悯人之心和爱百姓、爱众生、爱万物的思想，并愿意为之"赴汤蹈火、死不旋踵"。这与司马迁所说的游侠"赴士之厄困"及扶弱济贫、见义勇为、吃苦耐劳的侠义精神是相符的。而墨子所说的"言必信，行必果，使言行之合，犹合符节也"（《兼爱》）的有诺必承、言而有信的行为、人格与《史记·游侠列传》中"其言必信，其行必果，已诺必诚"的侠义之风也是如出一辙的。

总而言之，墨家提倡的"兼爱""非攻"等思想，与倡导平等、博爱、热爱和平、敢于斗争、除暴安良、果敢自信、铁肩担道义的武侠精神实质有着深刻而广泛的内在联系。然而，墨家与侠还是具有相异之处的，如墨家生活简朴，组织严密，纪律严明，而侠的生活自由潇洒，倜傥豪爽；墨家是政治学术流派，有完整的社会政治系统观，而侠多是个体行为，讲义勇之气，鲜涉政治；墨家主张"非攻"，为弱小者而战，长于守御，而侠本质好斗，好声誉，重名节，等等。

六、墨家及墨学的流变

（一）墨家后派的发展

墨学是战国时代诸子中的显学，受到当时社会的广泛支持和响应。墨子创学之初，弟子随之者如云，与儒家争辩，不在其之下，成为较有实力的学术团体。墨学的宏扬，使许多人加入墨学队伍，据《吕氏春秋·尊师篇》记载："孔墨徒属弥众，弟子弥丰，充满天下。"《淮南子·道应训》篇说："孔丘、墨翟，无地而为君，无官而为长，天下丈夫女子，莫不延颈举踵而愿安利之者。"这种评价，反映了当时墨学的显赫地位。

墨子教授弟子时，让学生"能谈辩者谈辩，能说书者说书，能从事者从事"，因而形成了墨子弟子中"谈辩""说书""从事"三大派别。墨子死后，墨家学派发生了分化。《韩非子·显学》说："自墨子之死也，有相里氏之墨，有相夫氏之墨，有邓陵氏之墨。"《庄子·天下》也论述道："相里勤之弟子五侯之徒，南方之墨者苦获、已齿、邓陵子之属，俱诵墨经，而倍谲不同，相谓别墨。"相里氏西近于秦，是为西方之墨，多为"从事"之徒；"五侯之徒"当在伍子胥之后，居齐，为东方之墨，多授徒讲学之人；邓陵子等无疑是南方之墨，重于谈辩。

东方之墨的活动区域大致在宋、鲁、齐，这里是墨学的诞生地，鲁国"有周公遗风，俗好儒，备于礼，故其民……地小人众，俭啬，畏罪远邪"；"宋地……其民犹有先王遗风，重厚多君子，好稼穑，恶衣食，以致蓄藏"；而齐国"俗宽缓阔达，而足智，好议论，地重，难动摇"，"其士多好经术，矜功名，舒缓阔达而足智"。在如此之风影响下，加之齐国倡导学术自由，重实践、主节用的墨学自然根深蒂固，东方之墨者直接受承墨子衣钵，讲学布道，基本保持了墨家学派形成时墨子的所有主张，代表人物有田鸠（亦即田襄子）、五侯等。

三派之中，当属西方之墨最盛。西方之墨的活动区域大致在秦统治地区，

秦为图霸业，广纳人才，墨家之徒也争相到秦国来。秦惠文王时，墨家巨子居秦，墨学中心已转入秦国。墨学思想体系中尚同、尚贤、节用和非儒等思想符合秦人轻宗法、重实利的功利主义价值观，这成为墨学流行于秦国的思想基础。另外，秦国屡受北方少数民族的侵扰，墨者擅长城防技术，他们的军事才能和牺牲精神自然会得到秦统治阶层的垂青。

墨子晚年游楚，卒于楚之鲁阳（今河南鲁山），楚是墨子最后的活动中心，南方之墨者由是兴盛，代表人物苦获、己齿、邓陵子都是楚人。从《庄子·天下篇》看，南方之墨者俱诵《墨经》，《墨经》又称《墨辩》，盖多为名辩之士。“辩”是南方之墨的特征，《墨经》是其经典。

《韩非子·显学》中说墨家后学各派“取舍相反不同，而皆自谓真墨”，而称别派为“别墨”。墨家后学各派虽有师承关系，各派主张有交叉、有融合，但各地墨者各立派系，各事活动，各求所用，认为自己是墨家正统而视政见不同者为异端。

（二）墨家及墨学的衰微和承传

秦人焚书，子学不传；汉初复学，儒家独尊。秦始皇统一中国后，起初试图实现秦文化与诸子百家学术文化的兼容，对吕不韦肇创《吕氏春秋》精神加以继承，然而后来又焚书坑儒，实行文化专制主义政策，使各家学术受到严重摧残，墨家自然也不能幸免。墨家重视纪律和组织，甚至具备军事功能（防御守城），这样的组织必然不见容于统一之后的秦帝国。《庄子·天下》评墨子谓“其道大觳”，“反天下之心，天下不堪。墨子虽独能任，奈天下何”！东汉哲学家王充也认为墨学“虽得愚民之欲，不合知者之心”。同时，墨家“非攻”“节用”“节葬”等主张，自然不利于秦之征战四方，威仪天下，加之秦始皇好大喜功，奢靡无度，更不会节用、节葬，正如王充所说：“儒道

传而墨法废者，儒之道义可为，而墨之法议难从也。何以验之？墨家薄葬右鬼，道乖相反。”墨家主张不合时宜，也就难逃被焚之命运了。

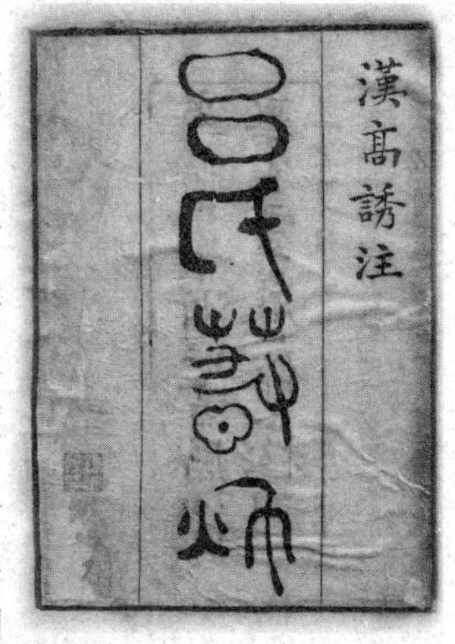

自汉朝起，“视墨同儒”的学术观念流行，妨碍了墨学的研究和流传。儒墨学说虽有诸多相异点，但亦有诸多相似点。《淮南子·主术训》中说：“孔墨皆修先圣之术，通六艺之论。”道出了汉人儒墨同源的认识，更何况墨子也确曾“学儒者之教，受孔子之术”，《墨子》书中的《修身》《亲士》《所染》三篇讲的都是儒家言论。由此可知，尽管战国以儒墨相非，但两学派因有着共同的思想渊源和基础，所以秦汉以后墨家思想在一定程度上被儒学吸收，在儒家受推崇的当时，无疑越来越丧失其独立性和识别性。至汉武帝罢黜百家，墨家完全被打入政治冷宫，逐渐式微，几乎息绝，在长达数千年的封建社会，墨学一直处于湮没无闻的状态。

直到近代，以晚清倡导“经世致用”之实学为契机，“墨学比附西学”的观念冲击了传统的儒家观念，为近代西方科学文化的传播找到了来自传统的依据，墨学研究特别是《墨辩》研究大兴。现代，墨学受到进步思想家与民主革命派的青睐（如梁启超、章太炎、鲁迅、胡适、《民报》），治墨学者，络绎不绝，似有墨学复兴之势。究其缘由，是因为墨学蕴藏着民粹主义与平等博爱的思想因子，如墨家“强必富，不强必贫；……强必宁，不强必危”的生存观，“人无长幼贵贱皆天之臣”“官无常贵，民无终贱”的平等思想。

当下，墨学研究重新启动与深化，取得了突飞猛进的发展。墨家思想在当下仍具有极大的影响与意义，如墨家的“兼爱”思想，要求人们平等互爱，互相援助，体现了提倡平等的民主思想；墨家提出“非攻”，反对互相侵伐，树立起了和平主义的旗帜；墨家的“尚贤”思想，提出“不党父兄，不偏富贵，不嬖颜色”的用人之道，不仅树立了正确的道德价值取向和人才观，而且对于激励人们加强自我修身、力争成为贤者有积极作用；墨家的“节用”“节葬”思想，崇尚廉洁为公和艰苦奋斗，于今而言，依然具有针对性，更值得我们提倡。而墨家在力学、光学、几何学等自然科学方面的贡献，代表了所处时代最高的科学认识水平，更值得令人去研究。墨学作为中国传统文化最有价值的成分之一，未来必定将以其自身独有的永恒价值和普世价值放射出更加夺目的光辉。

韩非与法家思想

法家在战国时期是一个十分重要的派别，而韩非是法家思想的集大成者，是广为人知的重要历史人物。法家的思想影响深远，中国数千年来君主集权的思想，或多或少是受法家所影响的。本书就是阐述韩非子的思想渊源、生平事迹及主要思想，亦深入浅出地介绍法家思想的时代背景、代表人物和核心思想体系。

一、法家思想的时代背景

法家在战国时期是一个十分重要的派别，而韩非是法家思想的集大成者，是广为人知的重要历史人物。法家的思想影响深远，中国数千年来君主集权的思想，或多或少是受法家所影响的。本书就是阐述韩非子的思想渊源、生平事迹及主要思想，亦深入浅出地介绍法家思想的时代背景、代表人物和核心思想体系。

法家是战国时期的重要学派之一，因主张以法治国，“不别亲疏，不殊贵贱，一断于法”，故称之为法家。在百家之中法家很特殊，法家没有什么明确的创始人，更没有开门立派，四方讲学。法家更多的是一种思想潮流，法家人物也多是政治活动家。公认的最早走法家路线的是春秋前期齐国的管仲。一般认为，春秋时期，管仲、子产即是法家的先驱。战国初期，李悝、商鞅、申不害、慎到等开创了法家学派。至战国末期，韩非则集法家思想学说之大成。

作为先秦诸子中对法律最为重视的一派，他们以在法律界及法理学方面作出了卓越贡献而闻名，并提出了一整套的理论和方法。这为后来建立的中央集权的秦朝制定各项政策提供了相当有效的理论依据，后来的汉朝继承了秦朝的集权体制以及法律体制，这就是我国古代封建社会的政治与法制主体。法家在法理学方面作出了贡献，对于法律的起源、本质、作用以及法律同社会经济、时代要求、国家政权、伦理道德、风俗习惯、自然环境以及人口、人性的关系等基本的问题都做了探讨，而且卓有成效。但是法家也有其不足的地方。如极力夸大法律的作用，强调用重刑来治理国家，“以刑去刑”，而且是对轻罪实行重罚，迷信法律的作用，等等。

历史从哪里来，思想就应该从哪里开始。今天我们试着分析法家思想，就必然要从产生法家思想的那个时代说起。这对于我们从总体上更客观、更深入

地理解法家思想的实质是大有裨益的。法家生活在春秋战国这个大变革的时代。西周以来鼎盛的奴隶制社会在经济、政治、文化等领域内都发生了重大的变化。

（一）政治背景

西周时期，以周王为首的奴隶主贵族集团在政治上以“亲亲”、“尊尊”为基本原则，分封同姓、异姓诸侯，建立了以血缘为纽带的宗法等级社会；在经济上实行井田制，土地被划分成类似井字形的方块，受封的各级奴隶主对被分封的土地只有使用权，没有所有权。自称“天子”的周王以为“溥天之下，莫非王土；率土之滨，莫非王臣”出自《诗经·小雅·北山》。这个时期的社会特点，用春秋末期思想家孔子在《论语·季氏》的话来说，就是“礼乐征伐自天子出”。与此相应，西周统治者用周礼来巩固、加强其统治。相传“周公制礼”，即在周公的主持下，对以往的宗法习惯进行了系统的整理，制定出一整套以维护宗法等级制为中心的行为规范以及相应的典章制度、礼节仪式。与这套礼制相适应，西周统治者在政治法律思想方面所实行的就是以“亲亲”、“尊尊”为基本原则的“礼治”，其基本特征是“礼不下庶人”、“刑不上大夫”。在思想文化方面，尽管提出“以德配天”说，但“君权神授”的神权思想仍占据着统治地位；同时，“学在官府”，文化教育完全由官府控制，奴隶主贵族子弟也只能去官府求学。整个社会保持着等级森严的统治秩序。然而，当西周这个历史的车轮行进到春秋战国时期，社会的方方面面都发生了重大的变革。

春秋末期，周天子早已失去了昔日驾驭诸侯的权势，王室衰微，王权旁落，各大诸侯国争夺霸权；各诸侯国内部，“礼乐征伐自诸侯出”，卿大夫专权跋扈，新旧势力矛盾激烈。王室东迁之后，原来周王室控制的土地尽数为秦国占有，周天子所直接控制的领土不过是成周一带的六百里土地，王室失去了控制各诸侯国的政治、经济、军事实力，徒具天子虚名。也就是说周天子不过是名义上的共主，在春秋时期的政治生活中，周王室几乎没有起过实际的作用。在失去王室控制的情况下，一些诸侯国竞相扩张自己的势力范围，兼并他国的土地。社

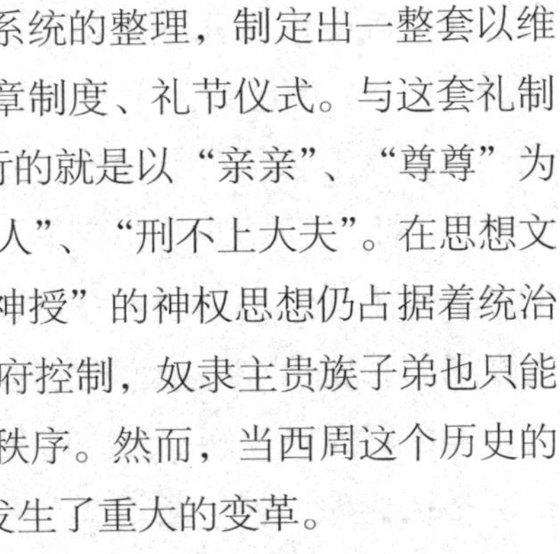

会秩序也变得动荡不安起来。列国卿大夫在争霸中逐渐发展了自己的实力，攫取了政权，卿大夫的家臣也慢慢掌握到实权，进而控制了国家的部分权力。出现了所谓“礼崩乐坏”的局面。战国时期，各国新兴地主阶级相继走上政治舞台变法改革，他们对以前的政治制度已经不再满足于修修补补，而是大刀阔斧地进行改革，于是，以君主为中心的中央集权的专制制度与郡县制度取代了宗法分封制度，以军功授爵的官僚制度取代了世卿世禄制度。

（二）经济背景

在经济上，铁器逐渐应用于农业生产，牛耕开始普遍推广，使得农业生产力迅速提高。铁器在春秋末年已经出现，但不普及，进入战国以后，无论农业还是手工业，都已经离不开铁制工具。《管子》里谈到：农夫必须有铁制的耒、耜、铫，女工必须有针和刀，制车工必须有斤、锯、锥、凿。否则他们就不能成其事。生产工具方面的变革和广泛使用既增强了开荒的能力，使可耕地面积增多，也为社会提供了更多的生产生活资料。春秋中晚期，在“井田”之外，出现了“私田”。随之而来的是私田的不断增多，土地逐渐可以交换，甚至买卖，井田制渐趋瓦解。战国时期，社会生产方式也开始转变，以一家一户为单位的个体耕作代替了犁耕为单位的集体协作，封建个体经济逐渐占主导地位；“工商食官”的局面逐渐破坏，出现了个体手工业者、商人。他们的行业很多，有铁工、木工、纺织、洗染、刺绣、制陶等。内部分工还很细，有专做鞋、帽、农具、炊具、车子以及专做葬具的。战国时期，参与商品交换的种类繁多，商品交换的地域也相当广，如北方的走马、吠犬，南方的羽毛、象牙、皮革、丹青，东方的鱼、盐，西方的皮革、文旄等。手工业、商业繁荣的结果，城市也空前繁荣，出现了一些人口众多、经济发达的大城市。

（三）文化背景

在思想文化上，随着春秋末期孔子提出的“有教无类”的主张，社会也进

入到一个“注重人事”、“私学”大兴、“百家争鸣”的新时代。在那里，传统的神权观念和神权思想受到了“德”、“仁”思想的猛烈冲击、批判，“礼”思想、“法”思想成为社会意识形态的重要基础；“士”（知识分子）阶层出现，私学大兴。这些“士”阶层有文化知识，有政治谋略，有军事才能，他们的活动不受国界的限制，无论走到哪里，都受到统治者的礼遇，从这个意义上讲，士人的活跃，奠定了思想文化繁荣的基础。例如，春秋末期，邓析在郑国聚徒讲习法律；孔子在鲁国聚徒讲习六艺，后来发展为儒家学派；春秋战国之际，墨翟又聚徒讲学，发展成为墨家学派。此后，个人著书立说蔚然成风，道、法、名、兵、阴阳、农、杂等学派相继出现，形成了空前的“百家争鸣”的新气象。人们手中已经有很多书籍，学术文化开始步入民间，整个社会的文化、科学水平得到普及和提高。

西周奴隶制社会的运转，依靠的是两项权利原则：礼和刑。“礼”针对贵族，“刑”针对普通百姓。在西周奴隶制社会礼里，各种社会关系主要依靠个人接触和个人关系来维持。天子、诸侯都生活在社会金字塔的顶尖，与普通百姓没有直接关系，而与百姓打交道的人，则是一些下级诸侯和小贵族。诸侯国之间的交往称为“礼”，而贵族依靠“刑”迫使庶民服从。到了东周时期，社会各阶层原有的僵硬界限逐渐被打破，大国之间侵略、兼并；这在春秋五霸、战国七雄之中可以得到印证。各国领导人都想在弱肉强食的残酷竞争中保存自己的国家，强大国家军事、政治、经济实力，强化国家的统治，就需要中央集权。面对这样的形势，儒家、道家、墨家等各派都力图解决君王的各种问题，即开始了后世学者所称道的先秦诸子之间的“百家争鸣”。各国君王最关注的不是怎样谋求民众的安居乐业，而是如何解决当时严峻的国际形势。就这样，一班“方术之士”登上了历史的舞台。有一些人为他们鼓吹的统治方略提供理论依据，这就构成了法家的思想主张。

二、韩非的思想渊源

《史记·老子韩非列传》记载："韩非者，韩之诸公子也。喜刑名法术之学，而其归本于黄老。"从此以后，论法家思想者，必言始于黄老，或者说是道家的一个分支。

法家的源流，学术界上没有定论，有一说最早的法家人物为姜太公。暂且不论这个说法是否正确，最起码管仲作为法家人物是公认的定论了，并且著有著作《管子》。

（一）子产

子产（？－前522年），复姓公孙，名侨，字子产，又字子美，郑称公孙。春秋时期郑国的政治家和思想家，是第一个将刑法公布于众的人，曾铸刑书于鼎，史称"铸刑书"，是法家的先驱者。他在郑国执政达二十六年之久，以其卓著的政绩和一系列社会改革措施，推动了社会经济的进步，赢得了民众的拥戴。被清朝的王源推许为"春秋第一人"。

鲁昭公六年（前536年），子产在郑国采取了一项重大的法律改革措施——"铸刑书"，即将法令条文铸在金属鼎上，公之于众。这一举动在当时确实非同凡响。因为在以血缘关系为纽带的宗法制度下，统治阶级内部的关系调整，大多诉诸于"礼"，而那些"形同畜产"的奴隶们，则毫无法律地位可言。奴隶主们可以随意处置和杀戮他们，这就是所谓"临事制刑，不预设法"的中国奴隶制社会的传统法律状况。在这种"无法可依"的社会状况下，国家暴力披上了神秘的外衣，具有了"威不可测"的无限权力。这种法权关系对于新兴的封建生产关系的发展，无疑是一种巨大的社会阻力。新兴地主阶级为了维护和发展其政治和经济利益，迫切需要改变这种法权关系，制定代表本阶级利益的法律制度，结束长期以来奴隶主贵族垄断法律、以意代法的特权。子产"铸刑书"

的举措，正是反映了新兴地主阶级的这一进步要求和社会发展趋势。

春秋动荡时期，子产在郑国为相数十年，顺应历史潮流，将以法治国的思想付诸实际行动，他以改革的远见卓识，在治国实践上，把君王、国民、权力三者有机地结合起来为郑国的复兴作出了突出的贡献。子产坚持宽猛相济的原则治理国家，厉行改革，取得了辉煌的成就，为后人赞颂。其宽猛相济的法律思想对于我们今天更好地贯彻依法治国的主张有着重要的借鉴意义和启示。

（二）管仲

管仲（约前723年或前716－前645年），姬姓，管氏，名夷吾，谥曰“敬仲”，中国春秋时期齐国颍上（今安徽颍上）人，史称管子。春秋时期的管仲，是著名的政治家、军事家和思想家。管仲少时丧父，老母在堂，生活贫苦，不得不过早地挑起家庭重担，为维持生计，与鲍叔牙合伙经商后从军，到齐国，几经曲折。后经鲍叔牙举荐，成为我国历史上最早的相，曾做齐桓公的宰相达四十年，九合诸侯、一匡天下，使之成为春秋五霸之首。孔子曾称赞管仲：“微管仲，吾其被发左衽矣。”（《论语·宪问篇》）在治理齐国的过程中，管仲的依法治国思想具有重要作用，对后世法治思想具有很大影响。

“依法治国”是先秦时期法家著名的主张，在中国历史上最早是在《管子》一书中提出的。《明法》篇中说：“威不两错政不二门，依法治国，则举措而已。”即要以法作为治理国家的举措，使各类事情有法可依，只有这样才能治理好一个国家。《管子》在开卷第一篇《牧民》中说：“仓禀实则知礼节，衣食足则知荣辱。”《乘马》篇中说：“地者，政之本也。是故地可以正政也。地不均平和调，则政不可正也。政不正，则事不可理也。”《治国》篇中说：“凡治国之道，必先富民。民富则易治也民贫则难治也。”可见，也就是国家的安定与不安定，人民的守法与不守法，与经济发展尤其是土地问题关系十

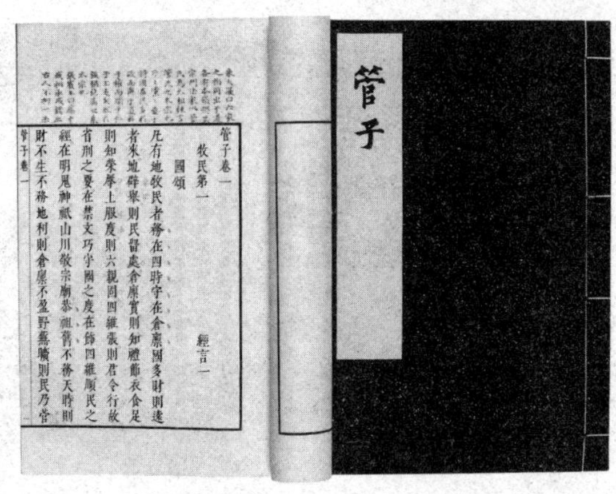
管子

管子卷一
牧民第一　　經言一
國頌
凡有地牧民者務在四時守在倉廩國多財則遠
者來地辟舉則民留處倉廩實則知禮節衣食足
則知榮辱上服度則六親固四維張則君令行故
省刑之要在禁文巧守國之度在飾四維順民之
經在明鬼神祇山川敬宗廟恭祖舊不務天時則
財不生不務地利則倉廩不盈野蕪曠則民乃菅
管子卷一

分密切。如果解决不好经济问题，以法治国思想的产生就失去了重要的基础。人们连最起码的衣食都无法满足，饥寒交迫，就根本谈不上法治思想。

管仲非常重视依法治国的立法原则。《任法》篇中说：“夫生法者，君也；守法者，臣也；法于法者，民也。”但君主立法不能随心所欲，必须充分考虑制定法律所涉及到的各种情况，才能立法。为此，管仲提出了制定法律所要遵循的立法原则。

立法要遵循客观规律，顺应天道。执政者要遵循客观规律，顺应天道才能兴旺发达。如果悖逆天道必将走向灭亡。所以管仲认为，立法者在立法上主要要遵循以下两条原则：《七臣七主》篇中说：“春无杀伐；夏无遏水达名川；秋无涉过、释罪、缓刑；冬无赋税赏禄。”所以立法要遵循客观规律，不能以执政者的个人意志为转移；主张立法的内容要遵循客观规律，要在保证农业生产正常运行的前提下，适应春夏秋冬四个季节的不同要求而制定。《明法解》篇中说：“舍公法而行私惠，则是利奸邪而长暴乱也。”管仲认为，君主手中掌握着立法大权，这种特权是大臣与庶民所不能享有的，但君主也必须置于法的约束之中。法的重要作用是以“公”为宗旨，立法本身必须要去私欲，做到大公无私。

立法要顺应民情。管仲主张立法要顺应民情，要遵循以下三条原则。《枢言》篇中说：“道之在天者，曰也，其在人者，心也。”《形势解》篇中说：“人主之所以令则行、禁则止者，必令于民之所好，而禁于民之所恶也。”立法要关心百姓的切身利益，不要盲目立法，君主所立法的目的是要使百姓更好地生活，禁止一切危害到百姓利益的行为。《七法》篇中说：“不明于心术，而

欲行令于人，犹倍招而比射之。”作为立法者，只要真正懂得了心术，做到诚实、忠心、宽厚、仁慈、谦让、大度等，才能使法更好得以实施。《九守》篇中说：“目贵明，耳贵聪，心贵智。以天下之目视则无不见也，以天下之耳听则无不闻也，以天下之心虑则无不知也。”管仲认为，作为立法者，要善于听取百姓的意见、关心百姓的疾苦、维护百姓的意愿。

立法要具有权威性和时变性。在管仲看来，法一旦制定并公布出来，就已经具备了强大的权威性，要维护法的权威，君臣上下贵贱就都必须遵守。对于不遵守法者要严加惩罚，为此管仲特别提出要执法公允。《版法解》篇中说：“有法不正，有度不直，则治辟，治辟则国乱。”可见，如果执法不公正，就不能得到合理的惩罚。如果执法不合理，亲疏远近有别、过多地注重感情、不符合公道，那些百姓的合法权益就得不到保障，就不利于社会的发展，就会导致国家的混乱，进而法的权威性就会大大消失。

同时，管仲认为法具有时变性。法为人民提供了一个共同的行为模式和行为准则，但法不是永恒不变的。要使法有效贯彻实施，就不能一成不变。《正世》篇中说：“故其位齐也，不慕古，不留今，与时变，与俗化。”就是说，立法者要紧跟时代变迁，要从实际出发，使法随着世时和世俗的变化而变化，使法真正符合人民的切身利益。

管仲关于法的客观性、顺民情、权威性和稳定性等立法原则，为古代法治思想奠定了重要的理论基础，为后世的法治思想作出了巨大的贡献。

（三）李悝

李悝（前 455 年 – 前 395 年），嬴姓，李氏，名悝。战国初期魏国著名政治家、法学家。李悝是魏文侯心腹之臣，官至丞相，主持变法。

李悝在魏文侯时，任相十年，主持变法，是战国法家的始祖。《汉书·艺文志》有《李子》三十二篇，列为“法家”之首。司马迁说：“魏用李克尽地力，

为强君。”班固称李悝“富国强兵”。班固自注说三十二：“名悝，相魏文侯，富国强兵。”这些记载都表明，文侯时魏能走上富强之路，李悝曾作出很大贡献。李悝的改革措施由于著作的不存，已不可全知，见于他书记载的只有关于经济和刑法两方面的措施。

李悝为了进一步实行变法，巩固变法成果，汇集各国刑典，著成《法经》一书，通过魏文侯予以公布，使之成为法律，以法律的形式肯定和保护变法，固定封建法权。《法经》的编订，是李悝在法律制度方面作出的重大贡献。

春秋末年，晋、郑诸国作刑鼎或刑书，以公布新的法律条文。到战国时，随着历史条件的改变，出现了更多的新的成文法典。李悝“撰次诸国法”，修订出《法经》六篇，包括盗、贼、囚、捕、杂、具。盗是指侵犯财产的犯罪活动，大盗则成为守卒，重者要处死。窥宫者和拾遗者要受膑、刖之刑，表明即使仅有侵占他人财物的动机，也仍构成犯罪行为。贼律是对有关杀人、伤人罪的处治条文，其中规定，杀一人者死，并籍没其家和妻家；杀二人者，还要籍没其母家。囚、捕两篇是有关劾捕盗贼的律文。杂律内容包罗尤广，包括以下几类：①淫禁。禁止夫有二妻或妻有外夫。②狡禁。有关盗窃符玺及议论国家法令的罪行。③城禁。禁止人民越城的规定。④嬉禁。关于赌博的禁令。⑤徒禁。禁止人民群聚的禁令。⑥金禁。有关官吏贪污受贿的禁令。如规定丞相受贿，其左右要伏诛，犀首以下受贿的要处死。具律是《法经》的总则和序例。《法经》出现后，魏国一直沿用，后由商鞅带往秦国，秦律即从《法经》脱胎而成，汉律又承袭秦律，故《法经》在中国古代法律史上有非常重要的地位。

（四）慎到

慎到（前390年－前315年），战国时期赵国人，曾习道家思想，为法家重要代表人物之一。齐宣王时，他曾长期在稷下讲学，在当时享有盛名。慎到对于法家思想在齐国的传播作出了贡献，著有《慎子》。《慎子》一书，司马

迁《史记·孟子荀卿列传》中介绍说有“十二论”。徐广注释道：“今《慎子》，刘向所定，有四十一篇。”班固《汉书·艺文志》著录为四十二篇，宋代的《崇文总目》记为三十七篇。清朝时，钱熙祚合编为七篇，刻入《守山阁丛书》。现存《慎子》只有七篇，即《威德》、《因循》、《民杂》、《德立》、《君人》，《群书治要》里有《知忠》、《君臣》。由此可见，《慎子》的佚失情况相当严重。除上述篇目外，还有佚文数十条。

慎到重“势”。他的“势”就是势位、权势、权位或助力条件。《慎子》说：毛嫱、西施是天下无比的美女子，但穿戴用以打鬼驱邪的令人害怕的假面具，人们看见她们就吓跑了；而穿着精美服饰，则走路的人也要停止看上几眼。这说明美人借助形势凶恶的面具就可使人望而生畏；而改穿棉衣、改服美饰，则更令人注目赞美。这都是借助外力作用的例证。慎到尚法思想大体包括法所自来、法的功用、君道及一准于法几个方法，其君道和一准于法的理论，突出了限制君权的意义。

法自何而来？《慎子逸文》中回答得很干脆，“非从天下，非从地出，发于人间，合乎人心而已”，即因俗顺民置法出合。因俗顺民是齐国的政治传统，是民本主义的基础。《慎子·威德》“法制礼籍，所以立公义也……定赏分财必由法，行德制中必由礼”的说法，是礼与法相互为用的主张。对于法所自来，《慎子逸文》记述了“有虞之诛：以巾蒙巾当墨，以草缨当劓”等“画衣冠，异章服”的远源，即说明了法始自虞舜、名以“象刑”的原始刑法。而法的功用和效能在于“齐在下之动”，一万人之行。《慎子逸文》指出：“法者，所以齐天下之动，至公大定之制也。故智者不得越法而肆谋，辩者不得越法而肆议，士不得背法而有名，臣不得背法而有功。我喜可抑，我仇可窒，我法不可离也。骨肉可刑，亲戚可灭，至法不可缺也。”

法的功用和效能在于“一人心”、“立公义”。《慎子·威德》再作阐述：“法虽不善，犹愈于无法，所以一人心也。夫投钩以分财，投策以分马，非钩策为钧（均）也，使得美者不知所以德，使得恶者不知所以怨，此所以塞愿望也。故蓍龟所以立公识也，权衡所以立公正也，书契所以立公信也，度量所以立公

审也，法制礼籍所以立公义也。凡立公，所以弃私也。明君动事分功必由慧，定赏分财必由法，行德制中必由礼。故欲不得干时，爱不得犯法，贵不得逾规，禄不得逾位，士不得兼官，工不得兼事。以能受事，以事受利。”“一人心”即齐一人心。法虽不完善，犹强于无法，是“至法不可缺”的延伸说法。钩、策是用以立公定分的信物。用投钩、投策的方法分财、分马，为的是使人各足所得、各守所分而免除因美恶的嫉羡而争夺，故称“所以塞愿望也”。蓍龟、书契、度量直至法制礼籍，同样是人赋予以立公识、立公正、立公信、立公审、立公义效用的信物或尽度。但公正既立，则应具有破除私偏的效力。英明君主用智慧动事分功，用法度定赏分财，用礼数节制行德的适中；或者说，凡善于智慧、法度、礼数兼行并用的君主就是明君。明君治国，虽有私欲不得违反时势，受宠专爱者不得犯法，达官显贵不得越规行事，禄赏俸酬不得超越位，士人、百工各安分守职；按能力任事，以所事受禄利，一切取决于“立公”、“弃私”之实。慎到强调“立公义”就是建立天下人共同遵行的标准，用以维持社会秩序。而这个公义的建立只能由法来完成。

《慎子逸文·太平御览》：“法之功，莫大使私不行；君之功，莫大使民不争。今立法而行私，是私与法争，其乱甚于无法。治国无其法则乱，守法而不变则衰，有法而行私谓之不法。”法的功用是立公，故立公以私不行为大。怎样才得私不行呢？关键在于立公者无私。君的作用是立法，故法立而民不争为大。怎样才得民不争呢？关键在于立法者无欲。治国必依法，立法要适时变法。法

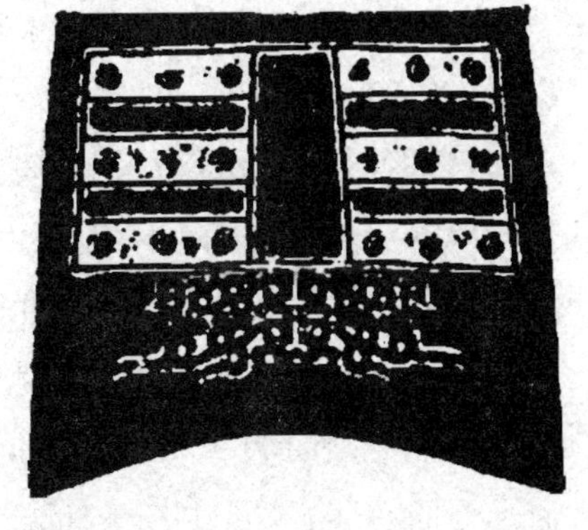

既立而私行止，是慎到赋予法的根本作用。立法是为了“立公义”。则天子或国君职在立法之位、掌立法之权，故天子或国君便是法或公义的象征。古代立天子而尊贵他，就是因为他能建立公义并主持公义。由此可见，奉立天子是为了广利天下，并非为专利天子一人；置立官长是为了管理好官（公）事，并非为专利官长一人或少数人。《威德》说：“古者立天子而贵之者，非以利一人也。曰天子无一贵，则理无由通，通理以为天下也。故立天子以为天下，非立天下以为天子也；立国君以为国，非立国以为君也；立官长以为官，非立官以为长也。”天子之贵贵在“通理以为天下”。故知不能为天下而通理的天子则不足以贵。为平天下而立天子，为治国家而立国君，为管理公事而立官长。故天子、国君、官长必以天下、国家、官事为本，即以民众为本；而不是以天子、国君、官长本身的权利为本；换句话说，天子、国君、官长不能有家天下、家国家、家官位的私心。这里体现了慎子立法、“立公议”而基源于民本的思想。

既然唯法才能“立公义”，因而必须事事“断于法”，即“一准于法”而求合公义。人君为天下、国家而“通理”，因而必须实行“一准于法”而自不例外，因其负有齐一万民的重大责任。《慎子逸文》：“民一于君，事断于法，是国之大道也。”

人君实行一准于法。

首先要做到君臣各司其职，不包办代替，不专断独擅，不集中国家权力于人君一身。《慎子·民杂》强调了这点：“君臣之道，臣事事而君无事，君逸乐而臣任劳。臣尽智力以善其事，而君无与焉，仰成而已。故事无不治，治之正道然也。人君自任，而务为善以先下，则是代下负任蒙劳也，臣反逸矣。……是以人君自任而躬事，则臣不事事，是君臣易位也。谓之倒逆，倒逆则乱矣。”慎到“臣事事而君无事，君逸乐而臣任劳”的主张，表面看是强调君臣各司其职，互不包办代替；其实则是限制君权无限膨胀，国事独揽专断。《史记·秦始皇本纪》说秦始皇：“天下之事无大小皆决于上，上至以衡石量书，日夜有呈，不中呈不得休息。”国君独揽专断就是“君臣易位”。君臣易位叫做“倒逆”，

“倒逆则乱矣”，秦始皇树立了典型。秦王朝的暴兴暴灭，是独夫政治的必然结果。

其次便是“事断于法”。有法无亲，有公无私，君臣民众“唯法所在”，都是“事断于法”。《慎子·君臣》强调君必依法行事：“为人君者不多听，据法依数以观得失。无法之言，不听于耳；无法之劳，不图于功；无劳之亲，不任于官。官不私亲，法不遗爱。上下无事，唯法所在。听言、图功、任官必由法。故虽亲而无功劳者，不能枉法而任之为官。公事不私于亲而损公济私，法度不遗于爱而有罪必罚，即亲疏远近，一律于法。”可见，“唯法所在”和“舍法而以身治”是对立的；并可以此标准而判定明君昏君。因此，《君人》篇指出：“君人者，舍法而以身治，则诛赏予夺从君心出矣……是以分马者之用策，分田者之用钩，非以钩策为过于人智也，所以去私塞怨也。故曰大君任法而弗躬，则事断于法矣。法之所加，各以其分，蒙其赏罚而无望于君也，是以怨不生而上下和矣。”

“以身治”就是人治，“诛赏予夺从君心出”，就是人治的规范。人治是中国传统的治道，大抵完善于周公，孔丘、荀况都倡导人治。秦始皇父子把人治推向极端。西汉夺取了秦朝政权，但把人治制度进一步完善和确定下来。因而中华民族就是在人治制度的枷锁之下挣扎了两千多年！“事断于法”和“任法”都是法治。法治和人治是对立的。法治就是要“骨肉可刑，亲戚可灭”、“上下无私，唯法所在”，使上下、君臣、民众一准于法。废止人治必以法治。实行法治则“怨不生而上下和”，因此可保长治久安。这就是慎到法治思想的核心和精华。

（五）商鞅

商鞅（约前 395 年 – 前 338 年），汉族，卫国（今河南安阳市内黄梁庄镇一带）人。战国时期政治家、思想家，先秦法家代表人物。商鞅早年为魏国宰相公叔痤家臣。公孙痤病死后，魏王并没有重用商鞅。后来

听说秦孝公下令求贤者，便携同李悝的《法经》到秦国去。通过秦孝公宠臣景监，三见孝公，商鞅畅谈变法治国之策，孝公大喜，商鞅得到了施展他变法理想的舞台。商鞅变法的主要内容为：建立新型的军功爵制，激励士兵奋勇杀敌；奖励耕织，保证了秦国后方粮草充足；制定新法，使得百姓各司其职，安分守己。秦国自商鞅变法后，迅速成为一个强大的诸侯国，为后世统一天下奠定了基础。

“定分”、“立禁”体现权利保护思想。他认识到“定分”与“止争”的关系。他指出：“一兔走，百人逐之，非以兔可分以为百，由名分未定。夫卖兔着满市而盗不敢取，由名分已定也。”他所说的“名分已定”，显然是指归属已定，即所有权已经明确。他已经认识到人类社会最初没有国家没有法律，法律是社会发展到一定阶段的产物。已经看到法律产生与权利保护的关系，“初步接触到了国家与法律是适应保护私有制的需要而产生的这一唯物主义的命题”。

“缘法而治”的法律工具论。商鞅以重法著称，他极力主张以“法”代“礼”，反复告诫国君“不可须臾忘于法”。他认为，法之重要，是因为它有“定分止争”和“兴功禁暴”的作用。“缘法而治”是法家的基本主张，最早由商鞅在秦国实施。商鞅在变法时，改“法”为“律”，并不是简单的名称改变，它体现了商鞅对法律的公开性和普遍性的重视。因为“法主要强调的是内容方面的公平与公正；而律则侧重于法律规范在适用上的普遍性和统一性”。

“刑无等级”、“不赦不宥”的法律适用平等思想。商鞅指出：“法者，国之权衡也。”他将法律看做是称轻重的权衡，量长短的尺度，判断是非功过和行使奖罚的公平标准。他反对“刑不上大夫”的旧传统，否定贵族的特权，主张法律的统一性和平等性。强调在行赏施罚时要做到“不失疏远，不违亲近”，有功必赏，有罪必罚。他在关于法律面前贵贱平等的观点，表述得很明确。

在商鞅的“法治”思想中，还有“以刑去刑”的思想。这历来被认为是他为实行重刑而寻找的根据，因此是虚伪的借口。但是，“以刑去刑”的思想已

反映出商鞅认识到法律被普遍、自觉地遵守的重要性。他从用刑的目的是“无刑”、“去刑”的角度去说明“重刑”的合理性、正当性，这说明他已初步接触到刑罚公众价值的议题。

（六）荀子

荀子（约前313年－前238年）名况，字卿，因避西汉宣帝刘询讳，“荀”与“孙”二字古音相通，故又称孙卿。汉族，周朝战国末期赵国猗氏（今山西安泽）人。著名思想家、文学家、政治家，儒家代表人物之一，时人尊称“荀卿”。曾三次出齐国稷下学宫的祭酒，后为楚兰陵（今山东兰陵）令。荀子对儒家思想有所发展，提倡性恶论，常被与孟子的性善论比较。对重整儒家典籍也有相当的贡献。

作为先秦时期最后一位大儒，荀子以“隆礼重法”为原则来搭建其体大思精的理论框架。他继承孔子的“礼治”思想，将礼乐在强国安民方面的重要作用表述得无以复加。他说：“隆礼贵义者，其国知；简礼贱义者，其国乱。”（《荀子·议兵》）“礼者，治辨之极也，强国之本也，威行之道也，功名之总也。王公由之所以得天下，不由所以陨社稷也。”（同上）“礼者，断长续短，损有余，益不足，达爱敬之文，而滋成行义之美者也。”（《礼论》）“礼之所以正国也，譬之犹衡之于轻重也，犹绳墨之于曲直也，犹规矩之于方圆也。”（《王霸》）对礼治的这种高度重视，表明荀子沿着孔子“克己复礼”的思想路线继续开拓，将周公以来的礼乐传统视为治国安邦不可或缺的核心理念。

除了强调礼治，荀子还吸纳了法家思想，援法入礼，认为礼治与法治必须双管齐下，在彰显礼治的同时，也凸显了法治的重要。他从人性恶的角度阐发了礼法并用的思想，指出：“古者圣王以人之性恶，以为偏险而不正，悖乱而不治，故为之立君上之势以临之，明礼义以化之，起法正以治之，重刑罚以禁之，使天

下皆出于治，合于善也。”（《性恶》）在他看来，为了改善人性之恶——“目好色，耳好声，心好利，骨体肤理好愉佚”，既需要礼乐的熏陶与教化，也需要法治的约束与修正。刑罚是治理社会的有效手段，为了遏制罪恶，惩罚恶人，甚至有用重刑的必要，因为“罪至重而刑至轻，庸人不知恶矣，乱莫大焉”（《正论》）。对法治、重刑的这种认识，表明荀子已将法家思想充实到他的思想体系之中。

不过，富有法家精神的荀子，毕竟还是将礼治看得高于法治，据统计，“‘礼’字在荀子的书中出现了342次，‘法’字出现了182次，‘礼’出现的频率远远高于‘法’”（韩星：《儒法整合：秦汉政治文化论》）。“礼”、“法”之间的主次之分是十分清楚的。商鞅变法以来，秦国已然形成了重霸道、轻王道的治国传统，荀子曾远赴秦国考察，尽管他对秦国颇多赞赏，认为秦国的百姓朴实，“甚畏有司而顺”，秦国的官吏“莫不恭俭敦敬，忠信而不楛”，秦国朝廷“百事不留，恬然如无治者”。如果仅从法治的角度观察，则秦政无疑臻于成功；但若衡之以儒家王道的标准，“则倜倜然其不及远矣！是何也？则其殆无儒邪！……此亦秦之所短”（《强国》）。从儒者的立场出发，荀子对秦政明确作出批评，认为秦国统治者忽视儒者倡导的仁义礼法，这是秦国与理想社会相距甚远的原因所在。

三、韩非及其主要思想

（一）韩非的生平

韩非（约前 280 年 – 前 233 年），战国末年韩国宗室贵族，“喜刑名法术之学，而其归本于黄老”，曾与李斯一起求学于荀卿。他从小口吃，不善言辞，但天资聪慧，又勤奋好学，很早就开始著书立说，并闻名于世。

学成归国的韩非，看到当时的祖国积弊甚重，国势衰微，曾“数以书谏韩王”，希望以自己的能力帮助国家变法图强，可惜昏庸的韩王执迷不悟，根本听不进他的意见。失望的韩非只得埋头写作，把自己的理想和主张写进书里，这使他成为先秦法家思想的集大成者，其主要著作有《孤愤》、《五蠹》、《内外储》、《说林》、《说难》等。

韩非反对儒家说教，认为“儒者用文乱法”，也反对游侠行为，说“侠者以武犯禁”。他主张“以法为教”，“以吏为师”，“赏后而信，刑重而必”。他强调，治国要有法律，明确指出“为治者不务德而务法”。法的制订，应“编著之图籍，设之于官府，而布之于百姓”。法是整个社会的行为准则和规范，必须做到“法不阿贵，绳不绕曲，法之所加，智者弗能辞，勇者弗取争，刑过不避大臣，赏善不遗匹夫”。这在某种意义上与“法律面前人人平等”的意思相近。他还综合前人商鞅（前 390 年 – 前 338 年）的“法”治，申不害（前 385 年 – 前 337 年）的“术”治和慎到（前 395 年 – 前 315 年）的“势”治，提出“法、术、势”三合一的统治术。

“法”指现行的法令法规，“术”指操纵臣属的手段，“势”指国君拥有至高无上的权势（所谓君权神授）。可以说，中国封建专制主义集权统治的建立，韩非的学说起到了相当大的影响。

在人性是善还是恶的问题上，韩非继承老师

荀子的“性恶论”，认为人人都有“欲利之心”，人际间存在利害关系，即使亲如父子也是如此。他说，“父母之于子也，产男则相贺，产女则杀之”。为什么？“虑其后便，计之长利也。故父母之于子也，犹用计算之心以相待也，而况无父子之泽乎？”夫妇之间也不例外。整个社会都处于利害关系之中，统治者与人民之间更是对立的双方。因此帝王们要巩固政权，就必须用暴力强迫人民，使其心悦诚服地接受管理，如果人民反抗，则必须用严刑峻法予以制止。他说：“夫严家无悍虏，慈母有败子，吾以此知威势之可以禁暴，而厚德之不足以止乱也。”他还认为，实行轻罪重判，可以使“小过不生，大罪不至”。

在哲学上，韩非发展了荀子的唯物主义，反对“前识”（即先验论），主张“循名实而定是非，因参验而审言辞”。他最早提出“理”这个哲学概念，并论述“理”与“道”的关系——“道者万物之所成，理者成物之文也”。即“道”是事物运动的普遍规律，“理”是具体事物的特殊规律。因此他说：“万物各异理，而道尽稽万物之理，故不得不化。”他还主张“缘道理以从事”，反对“无缘而妄意度”，并提出“世异则事异”、“事异则备变”的历史观。他还认为，天不能主宰人事的吉凶，人可以胜天，人可以把天当做物类加以利用。

逻辑严密，议论透彻，锋芒犀利，说服力强，是韩非文章的一个主要特点。例如，他在《亡征》篇里，一口气谈了国家可亡之道达47条，让人感到处处都有亡国的危险，可谓惊心动魄。最后却平静地说道：“亡征者非曰必亡，言其可亡也。”意思是，说有亡征，并不一定就会亡，我在这里主要是给君主们提个醒，平时要多注意某种征象，做到防患于未然，才能确保江山的长治久安。韩非还喜欢用寓言阐述深奥的道理，使文章显得生动活泼。这些寓言后来很多被提炼为成语，如“守株待兔”就见于《韩非子·五蠹》。他在这篇文章里，列举了历史上的许多事例，指出：“圣人不期修古，不法常可，论世之事，因为之备。”接着就讲了一个故事，说宋国有个农夫在一株树下捡到一只撞死的兔子，以后老是在那里等待，以为还有这种机会，结果只能落空。他以这个故事说明，

“今欲以先王之政，治当世之民，皆守株之类也”，即历史是不断发展的，因循守旧行不通。韩非的著作很快就流行于当时各国。《史记》这样写道：“人或传其书至秦。秦王（即嬴政）见《孤愤》、《五蠹》之书，曰：‘嗟乎，寡人得见此人与之游，死不恨矣！’”可见秦王嬴政对韩非著作的喜爱已到了无以复加的程度。为了急于得到韩非，他迅速派兵攻打韩国。韩王原先对韩非认识不足，弃而不用，现在才发现其价值。可是大军压境，不把韩非送给秦国是绝对不行的，韩王无奈，只得“遣非使秦”。秦王如愿以偿地得到自己的“偶像”韩非，按说一定会委以重任才对，然而人们看到《史记》的记载却是这样的，“秦王悦之，未信用”。为什么秦王那样喜爱韩非的著作，甚至不惜动用武力把他抢过来，而到手之后，却“未信用”呢？司马迁没有正面回答这个问题。但他强调指出，“韩非知说之难，为说难书甚具，终死于秦，不能自脱”，这分明暗示，在与秦王的对话中，韩非可能说了些秦王不喜欢听的话，因而被闲置起来。笔者读《韩非子·初见秦》，就有这种感觉，认为韩非虽然在文章中为秦王统一六国而积极献言，却有意无意地否定过去，如“秦当霸而不霸”，“谋臣皆不尽其忠也”。

自以为是的秦王对这种批评能接受吗？在秦王身边任丞相的老同学李斯看到这种情况，既高兴，又担心。高兴的是秦王没有信任韩非，担心的是有朝一日秦王又重用韩非，会对他造成严重威胁，因为早在荀卿那里求学时，他就深知韩非比自己能干。于是他勾结姚贾，在秦王面前说韩非的坏话：“韩非，韩之诸公子也。今王欲并诸侯，非终为韩不为秦，此人之情也。今王不用，久留而归之，此自遗患也，不如以过法诛之。”这种没有任何事实作为依据的推理，等于造谣，但秦王竟然听信，并“下吏治非”。李斯见阴谋得逞，不等有关部门判决下来，便抢先一步，派人给韩非送去毒药，让他自杀。韩非看到秦王竟是如此的反复无常，非常悲愤，也清楚自己难逃一死，但他并不害怕，只希望在死前能够再见一见秦王，然而这个要求也被李斯断然拒绝了。之后，秦王对诛杀韩非的决定感到后悔，派人前去赦免韩非，此时的韩

非已然在狱中自杀身亡了。

韩非的死无疑是个悲剧。究其原因，一是死于李斯的妒嫉，这与庞涓暗算孙膑同出一辙，都是师兄弟不相容所造成，比起为宿敌所害，更让人叹息；二是死于秦王的一时糊涂，作为韩非著作的忠实读者的秦王，本应很好地重用这个能人，却因误听谗言而杀了他。但更主要的是死于他深知的说话难。

在《说难》篇中，韩非指出人臣与主子说话的种种难处："与之论大人（有道德有地位的人），则以为间已（挑拨离间）；与之论细人（见识浅薄地位卑微的人），则以为卖重（卖弄身价）。论其所爱，则以为借资（拉关系）；论其所憎，则以为尝已（搞试探）。径省其辞，则不之而屈之（指笨拙不会办事）；泛滥博文，则多而久之（指啰哩啰嗦）。顺事陈意，则曰怯懦而不尽（说你胆小不敢尽言）；虑事广肆，则曰草野而倨侮（说你粗野不懂礼貌）。此说之难，不可不知"，"故谏说之士不可不察爱憎之主而后说之矣"。可以看出，与主子说话的难处，韩非是相当清楚的，他还告诫人们"不可不知"。然而，知道是一回事，做起来又是一回事，韩非最终还是没能逃脱因"说"所带来的杀身之祸。正如司马迁所叹息的，"余独悲韩子为《说难》而不能自脱耳"。

（二）韩非的主要思想

1. 性恶论

"性恶论"是以荀子为代表的，韩非是在其师荀子思想理论的基础上进一步丰富了"性恶论"的内容，深化了"性恶论"的内涵。本文认为韩非的性恶论的主张的产生和形成与其性格和人生际遇有很大的关系。

首先，从生长环境来看，韩非是韩国的公子，韩非出生并成长于深宫之中。大家都知道宫廷之中充满了尔虞我诈，勾心斗角。而韩非则是长期陷于这种权力斗争的中心，于是他对官场的阴暗面极其明了与熟悉，对官场特别是宫廷的丑恶更是看得入木三分。从小深受这些人性负面的影响，使他用失望和恶毒的

眼光来看待周围的人和事，对人性充满了失望和失落。

其次，其身体缺陷，更加深了其对世界阴暗面的理解和憎恶。《史记》中说韩非“为人口吃，不能道说，而善著书”。这种生理上的压抑长期得不到有效的释放和排解，必然会使他对人性的阴暗面看得更加清楚，并且对阴暗面的理解和领悟也会更加深刻。这就更加重韩非本已无法承受的“说难”、“孤愤”，强化他人生的怀疑、苦涩和对现实世界的失望。

最后，从其人生境遇来看，韩非是英雄无用武之地，其才华得不到应有的发挥。韩非在本国得不到重用，他真是“哑巴吃黄连，有苦难说”。后来到了秦国，虽然得到了秦始皇的赏识，但是遭到小人的嫉妒和陷害，不到一年就在监狱中饮毒自尽了。在官场上可以说韩非一直以来都是不得志的。

从上文的分析可以看出韩非应当是一个有阴暗阴影的、孤独的、自卑而又骄傲的人，他的性格比较偏激和极端，缺少人情关怀，其人生境遇是从富家公子到阶下囚，可谓一波三折。这些不同寻常的因素，使得在韩非的思想中被注入了不同于常人的冷峻和阴暗。本文认为，这是韩非性恶论思想形成的重要原因之一。韩非的“性恶论”是着眼于人没有感情、自私自利、互不信任、互相猜忌残害，他认为“好利恶害”是人的本性。韩非的法律起源人性观，是指在“物寡人众”的社会条件下，由于人们的争斗，法律才担当起“禁暴”、“止乱”的职能。他认为人与人之间就是纯粹的利益关系，甚至父母子女、夫妻、君臣之间。他认为人人皆好利恶害，“夫民之性，恶劳而乐佚”，“好利恶害，夫人之所有也……喜利畏罪，人莫不然”。就是说好利恶害是每个人的自然本性。并且人性的好利是由人的本能所决定的。他说：“以肠胃为根本，不食则不能活，是以不免于欲利之心。”韩非认为人们一切行为的直接驱动力就是利益，所以，对于人的一切行为，就不必用道德去衡量、评价，一切都是利益驱动的。韩非举了很多例子来说明这个问题：

首先，普通人之间是利益关系。“医善吮人之伤，含人之血，非骨肉之亲也，利所加也。故舆人成舆，则欲人之富贵，匠人成棺，则欲人之夭死。非舆

人仁而匠人贼也，人不贵则舆不售，人不死则棺不卖，情非憎人也，利在人之死也。”“夫卖庸而播耕者，主人费家而美食，非爱庸客也。庸客致力而疾耕耘者，非爱主人也，曰：羹且美。”他认为普通人之间不会有真实的情感，都是以自己的私利为基础，为了一件事，或不为一件事。也就是说人们之间除了利益之外什么都没有了。

其次，夫妻之间、父母子女之间也是利益关系。韩非认为人人都是自私的，所有社会成员之间的关系都建立在自私自利的基础上。人们相互间是一种纯粹的利害关系，连家庭成员之间也是如此。“为人主而大信其子，则奸臣得乘其子以成其私，故李兑傅赵王而饿主父。为人主而大信其妻，则奸臣得乘于妻以成其私，故优施傅丽姬，杀申生而立奚齐。夫以妻之近与子之亲而犹不可信，则其余无可信者矣。”丈夫对待妻子，是“爱则亲，不爱则疏”，不存在“骨肉之恩”；父母与子女之间，“父母之于子也，产男则相贺，产女则杀之”。

最后，君臣之间亦是利益关系。儒家学派强调君臣相依，君臣之间要讲究信、忠、仁、礼。但是韩非不相信这一套，他直截了当地指出君臣之间是赤裸裸的买卖关系，就像市场上的交易。“臣尽死力以与君市，君垂爵禄以臣市。君臣之际，非父子之亲也，计数之所出也。”君臣之间没有血缘关系，也不必讲什么道德，“主卖官爵，臣卖智力”，相互交换买卖而已。君臣之间没有道德可言，那就更没有说什么信任可言，“夫以妻之近与子之亲而犹不可信，则其余无可信也”。

韩非虽然认为人性是好利恶害的，但这种人性也不是不可以改变的，他认为通过学习人的这种好利恶害的人性观是会有所改变。并且也提出了限制这种人性的方法：一是利用法治来限制人的私欲，即“必罚以禁邪”；二是根据互利的原则引导自利的人性走上正轨，即“以利之为心”。他认为严格的法治能够有效地抑制人性恶的膨胀，使人们考虑到犯恶的后果，以至于不敢作奸犯科。并且认为适用重刑是法治的有效手段之一，能够有效地抑制人性的好利恶害。

2. 重刑思想

重刑思想源于先秦时期法家的“法治”理论，在中国法学史上占有重要地位。“重刑”虽给人以不人道甚至残酷的印象，但重刑对历史的进步性有着不可替代的作用。重刑思想在秦统一六国，建立中国第一个封建专制王朝中发挥了巨大的作用。此后，由于“重刑”思想适应了封建君主专制统治的需要，使其在以后的各个封建王朝都占据着重要地位。

韩非并不是第一个提出重刑思想的人，他的重刑思想只是中华传统法律文化的代表之一。在韩非以前，商鞅已经系统地论述了重刑理论，他指出只要“重轻罪”，就可以做到“以刑去刑”。韩非作为先秦法家思想的集大成者，不仅吸收、借鉴了商鞅的重刑主张，而且将其提到了一个新的高度：“故明主峭其法，而严其刑也。”也就是说，重刑是君主治国安邦的首要条件，是维护君权的重要法宝。

何谓重刑？“所谓重刑者，奸之所者细，而上之所加焉者大也；民不以小利蒙大罪，故奸必止者也。”重刑就是让违法的人为违法行为得来的利益大大小于为此行为所受到惩罚所带来的损失的一种刑罚方法。从韩非给重刑所下的定义来看，他是从功效的角度来看待重刑的。很明显，“好利恶害”的人性论是他提出此说的理论依据。

缘于人性恶的思想根源，韩非对儒家以德教治国的主张报以嗤之以鼻的态度，“仁义爱惠之不足用，而严刑重罚可以治国也”。他主张只有施行重刑酷法才能使人畏惧，不敢以身试法，才能达到国泰民安的目的。他认为轻刑等于无刑，只有严刑峻法，才能止奸息暴；只有“以刑去刑”，才能达到政治的稳定。韩非继承了先秦法家的重刑思想，并提出了自己的重刑主张：

(1) 信赏必罚

“信赏必罚”是指法律明文规定的东西必须付诸实施，要树立法律的绝对权威。“赏莫如厚而信，使民利之；罚莫如重而必，使民畏之，法莫如一而固，使民知之。故主施赏不迁，行诛无赦，誉辅其赏，毁随其罚，则贤、不肖俱尽其力矣。”施行奖赏应该优厚而且要说到做到，使人们

认为有所贪图；施用惩罚应该严厉而且要坚决执行，使人们畏惧。“言赏则不与，言罚则不行，赏罚不信，故士民不死也。”赏罚的作用不仅体现为受到赏罚的对象，更是为了扩大影响、以儆效尤、树立法律权威。

(2) 厚赏重罚

在韩非看来，“厚赏重罚”中，厚赏是为了鼓励臣民继续立功，重罚是为了威吓臣民不敢犯法，即“赏厚则所欲之得也疾，罚重则所恶之禁也”。提倡重刑，正如韩非所言“所谓重刑者，奸之所利者细，而上之所加焉者大也；民不以小利蒙大罪，故奸必止也”。实施重刑，就是要让那些违法的人为其行为负责，使其得来的利益相比遭受的惩罚小得多，而为此所受到非常重的刑罚。韩非强调“重刑”就是要重到能有效地预防犯罪的程度。“重罚”是为了造成一种恐怖气氛，用以威慑臣民，使之不敢再触犯法律。韩非认为，重刑符合人的“好利恶害”的本性，是为了“去奸”、“去刑”。

(3) 轻罪重罚

韩非说：“所谓重刑者，奸之所利者细，而上之所加焉者大也；民不以小利蒙大罪，故奸必止者也。所谓轻刑者，奸之所利者大，上之所加焉者小也；民慕其利而傲其罪，故奸不止也。”“轻罪重罚”就是要形成刑与罪之间的巨大反差，告诫臣民不以小利而蒙大罪。杀一儆百是为了扩大刑罚的威慑影响，运用严刑苛法制止犯罪。只有“刑九赏一”才能“以刑去刑”。韩非说：“古之善守者，以其所重禁其所轻，以其所难禁其所易，故君子与小人俱正。”重刑只是手段，其目的在于建立不使用刑罚的理想的“法治”国家。由上文可以看出，韩非的重刑思想并不是凭空产生的，而是建立在一定的理论基础之上的。上文我们谈到韩非继承了其师荀子的“性恶论”的观点，其认为人性本来就是恶的，人生来“好利恶害”的。由于人的本性是恶，那么人与社会之间、人与人之间就必然会发生争斗。韩非认为要防止和解决争斗仅仅使用道德是不够的，要使用法律来约束人的行为。

韩非反对无条件地满足人民的欲望，主张在法律允许的条件下，使人民的欲望得到满足，如果是法律不允许的行为，那么就要受到法律的惩罚。因此要

在全国的范围内推行法律，使人们的行为都受到法律的约束，这样一来，就可以防止争斗的发生。如果人们为了自己的私利违反了法律，韩非主张用重刑来惩治人们的违法行为。因为他认为“所谓重刑者，奸之所利者细，而上之所加焉者大也；民不以小利蒙大罪，故奸必止者也。所谓轻刑者，奸之所利者大，上之所加焉者小也；民慕其利而傲其罪，故奸不止也”。施用重刑就能使民众因害怕违法犯罪带来的严重后果，而约束自己的行为，尽量不去犯罪。

同时韩非认为对犯罪人适用重刑，还可以达到以儆效尤、预防犯罪的作用。因为人天性是恶的，是“好利恶害”的，为了自己的私利犯罪的可能性很大。一般来说，犯罪代价越小，获利越大，犯罪的意念就越强烈，如果对犯罪人使用重刑，那么他犯罪所得到的惩罚就会大于他通过犯罪行为所获得的利益，那么他的犯罪意志就会被抑制，这就达到了预防犯罪人再次犯罪的目的。同时使一般的民众看到犯罪人所受的刑罚的痛苦，那么他们在实施犯罪行为之前就会“三思而后行”，大部分人都会选择不实施犯罪行为，从而达到预防一般民众犯罪的目的。因此重刑不但可以惩罚犯罪，还可以预防犯罪。

韩非是战国末年法家思想的集大成者，也是我国古代一位卓越的思想家，他积极倡导的专制主义理论，为秦国的统一提供了理论基础，对以后两千多年的政治，发生了深远的影响。韩非思想中的进步性和反人民性并存于他的具有矛盾的思想体系中。他只看见争取国君、打击旧贵族以满足封建地主阶级的要求，而没有照顾到其他阶级，如工商业者，特别是广大农民阶级的要求。

3. 法、术、势的政治思想

韩非的政治思想体系是“以法为本”的法、术、势三者的结合。它的出发点是历史进化观和社会矛盾观。根据他的说法，人口既然愈来愈多，而财富却相对地愈来愈少，争夺也就愈来愈激烈，所以在“当今争于气力”的时代，就必须用“倍赏累罚”的法治来维持社会秩序。他在《五蠹》篇说：“夫古今异俗，新故异备，如欲以宽缓之政，治急世之民，犹无辔策而御马。此不知之患也。”因此，韩非主张用暴力去镇压一切反抗者，建立君主专制的政权。

韩非子的法治思想主要有两个来源。一是源于荀子。荀子隆礼重法。韩非丢掉了隆礼，而大大地发展了重法。二是源于商鞅、申不害和慎到。商鞅在秦变法，大有成就，本编已别有传。申不害，“故郑之贱臣”，相韩昭公，内修政教，外应诸侯。终不害之身，国治兵强，无侵韩者。史称其“学本于黄老而著刑名。著书二篇，号曰《申子》”（《史记·老子韩非列传》）。《申子》早佚，有《大体篇》，保存在《群书治要》中。慎到，赵人，与齐人田骈、接子、淳于髡、楚人环渊等，都是齐的稷下先生。慎到著书，《史记》称其有十二论，《汉书·艺文志》著录“有《慎子》四十二篇”。慎到书，也久佚，清人存辑本。韩非把商鞅论法、申不害论术、慎到论势，加以分析扬弃，发展成为法家的新的思想体系，使他成为法家学说集大成的人物。

韩非所谓的“法”，就是法令，是官府制定、公布的成文法，是官吏据以统治人民的条规。术，就是权术，是君主驾驭、使用、考察臣下的手段。法和术的显著区别，一个是向国人公布，一个是藏在君主的“胸中”，“故法莫如显，而术不欲见。是以明主言法，则境内卑贱莫不闻知也，用术，则亲爱近习莫之得闻也”（《韩非子·显学》）。《定法》篇是韩非对申不害、商鞅的变法理论和实践的分析总结，并指出法、术结合的必要性。

韩非有见于申不害只讲术不重法的弊病，指出“申不害不擅其法，不一其宪令，则奸多”，所以申不害辅佐韩昭侯治国十七年，仍然不能使韩国实现“霸王”之业。韩非又见于商鞅只讲法不用术的弊病，指出鞅之治秦，虽有法以致富强，“然而无术以知奸，则以其富强也资人臣而已矣”。它的结果是“战胜则大臣尊，益地则私封立”。所以，凭借秦国的强大力量，长达几十年都不能实现“帝王”的事业，这是由于官吏虽然勤谨守法，而君主却不用“术”所造成的。为此，他用答客问的形式，说明法和术的不可偏废。他把法和术，比喻为衣和食，说明治理国家法和术缺一不可。他说：“君无术则弊于上，臣无法则乱于下，此不可一无，皆帝王之具也。”

韩非认为，申不害讲的“术”，商鞅用的“法”，也还不完善。“二子之于

法、术皆未尽善也。”他引申子的话说：“治不逾官，虽知弗言。”他接着批评说，官吏办事不超越自己的职权。说是“守职”，那是对的，但知道自己职权以外的事不说，那就错了。因为君主了解全国的情况，要依靠官吏。如果官吏知道了自己职权以外的事不说，君主还依靠谁做耳目呢？他又引商鞅之法说：“‘斩一首者爵一级，欲为官者，为五十石之官。斩二首者爵二级，欲为官者，为百石之官’。官爵之迁与斩首之功相称也。”他批评说，如果定这样的法令，叫斩敌首立战功的人做医生、工匠，那么，病就治不好，房子就盖不成。因为医生会调配药剂，工匠有专门的手艺，让有战功者做这些事与他的能力是不相当的。“今治官者，智能也。今斩首者，勇力之所加也。以勇力之所加而治智能之官，是以斩首之功为医、匠也。”韩非拥护并发展了慎到的势治。在《难势》篇中，韩非认为“势”有“自然之势”和“人之所设”的“人为之势”两种。“自然之势”，是指世袭的君位，所谓“生而在上位”。他引慎到的话说：“尧为匹夫，不能治三人。而桀为天子，能乱天下。吾以此知势位之足恃。而贤智之不足慕也。”看来，慎到讲的似偏重于“自然之势”，韩非所讲的是“人为之势”。“人为之势”是势和法的结合，就是所谓“抱法处势”，是指君主的法治权力。韩非认为像尧、舜、桀、纣那样的君主，“千世而一出”。因此，他所要着重讲的是“中者”的得“势”。所谓“中者”，指的是“上不及尧舜，而下亦不为桀纣”的君主。他认为这样的中主“是比肩随踵而生，世之治者不绝于中”。对于中主来说，“抱法处势则治，背法去势则乱”。又说：“中主守法术，拙匠守规矩尺寸，则万不失矣。”《韩非子·难三》这种势、法并举，势、法结合的“人为之势”，就是韩非对慎到“自然之势”的发展。

韩非在经过对前期法家学说的分析总结以后，把法、术、势这三个法治要素，连接在一起，构成了一个政治思想体系，故成为法家的集大成者。

韩非的法治思想，概括地说，是君主凭势，使术，用法来统治臣民。所谓势，就是君主的权威，就是生杀予夺的权力。君主有了这种权力，才能使术用法，使臣民服从自己，为自己所用。韩非认为君主必须把这种大权牢牢地掌握在自己手中，决不能同

任何人分享，否则权力就会遭受削弱，甚至丢权丧身。

他认为，国和家一样，只能容许独尊，不能容许两尊或近似两尊的局面。否则，国家就要发生纷争。他说："孽有拟适（嫡）之子，配有拟妻之妾，廷有拟相之臣，臣有拟主之宠，此四者，国之所危也。故曰：内宠并后，外宠贰政，枝子配适，大臣拟主，乱之道也。"韩非认为君主要依靠官吏统治人民，所谓"明主治吏不治民"。但君臣间又有利害矛盾，所谓"知臣主之异利者王，以为同者劫，与共事者杀"。君主驾驭臣下的权术，在《韩非子》中占有相当大的篇幅，在他的政治思想中占有重要地位。

法，在韩非的政治思想中占有主要位置。在韩非看来，法是全国臣民行动的准则。有了法，行动才能有统一的步调。他说："一民之轨，莫如法。"他认为如果依法行事，就能消除人间的不合理现象，社会秩序才会稳定。"法分明，则贤不得夺不肖，强不得侵弱，众不得暴寡。托天下于尧之法，则贞士不失分，奸人不侥幸。"他还认为，如果按法行事，就是受到惩罚的人，也会心安理得。"以罪受诛，人不怨上。"否则，"释法制而妄怒，虽杀戮而奸人不恐。罪生甲，祸归乙，伏怨乃结"。因此，他得出的结论是："释法术而任心治，尧不能正一国"，"以法治国，举措而已矣"。

实行法治主要靠赏罚。在韩非看来，绝大多数人不会自动为善，必须利用人们趋利避害、喜欢受赏而害怕受罚的本性，君主只要运用赏罚，就可以支配全国臣民。他把赏和罚看做重要的统治工具，称之为"二柄"。他说："明主之所导制其臣者，二柄而已矣。二柄者，刑德也。何谓刑德？曰：杀戮之谓刑，庆（赐）赏之谓德。为人臣者，畏诛罚而利庆赏，故人主自用其刑德，则群臣畏其威而归其利矣。"赏罚的权柄要牢牢地掌握在君主手中。如果君和臣共掌赏罚大权，禁令就行不通，所谓"赏罚共则禁令不行"，还会出现像宋国司城子罕劫宋君，齐国的田恒杀齐简公那样的事。

法治的对象是广大的臣民，与术只用于臣下者不同。依照韩非的看法，除了国君以外，不论贵贱，一律要受法的约束。所谓"法不阿贵"，"刑过不避大臣，赏善不遗匹夫"。"诚有功则虽疏贱必赏，诚有过则虽近爱必诛。"

韩非为了说明法治的历史根据，从先王中找出一些事例。《说疑》："尧有

丹朱，而舜有商均，启有五观，商有太甲，武王有管、蔡。五王之所诛者，皆父兄子弟之亲也，而所杀亡其身，残破其家者，何也？以其害国伤民，败法圮类也。观其所举，或在山林薮泽岩穴之间，或在囹圄缧绁缠索之中，或在割烹刍牧饭牛之事。然明主不羞其卑贱也，以其能，为可以明法，便国利民，从而举之，身安名尊。”他主张论功行赏，反对无功受禄，不论亲疏贵贱，只要按法行事，立下功劳，就可担任官职。“明主之吏，宰相必起于州部，猛将必发于卒伍。”这一主张，有利于打破世袭贵族对政权的垄断，便于新兴封建地主阶级参加各级政权，对发展巩固封建制度的统治是有积极作用的。

韩非是一个君权至上论者。他提倡尊君，主张君主集权、专制。他说：“事在四方，要在中央，圣人执要，四方来效。”他认为君权集中的指导思想是法家思想，要求定法家于一尊。他激烈地批判和攻击法家以外的其他学派，特别是当时影响最大的儒家和墨家。他主张严格统治言论与思想，禁止私人著作流传和私人讲学，只准学习国家颁布的法令，只准以官吏为师，即所谓“明主之国无书简之文，以法为教；无先王之语，以吏为师；是境内之民，其言谈者必轨于法”。在他看来，封建统治者不需要什么诸子争鸣，只需要人民成为“无二心私学，听吏从教”的顺民。韩非的这种君主专制和文化专制思想，是战国末年各国间走向统一、各国内部趋向君权集中的反映。世界观与认识论韩非继承和发展了荀况的思想，并改造了老子书的若干观点。他的《解老》、《喻老》两篇，是对老子书最早的注解，反映了韩非世界观富有唯物主义的方面。